知るほどに深くなる

漢字のツボ

円満字二郎
Emmanji Jiro

JN257858

青春出版社

はじめに

パソコンやスマートフォンで、漢字を誤変換したまま、気づかずにメールしたりSNSにアップしたりしてしまった経験、だれにでもありますよね。そんなとき、こんなふうに考えたことはありませんか。

——読み方は同じなのに漢字が違うなんて、日本語って、どうしてこんなに意地悪なんだろう?

また、ある漢字を手書きしようとして、書き順に急に自信がなくなる、なんて経験も、だれにでもあること。そんなとき、こんなふうに考えたことはないでしょうか。

——書き順なんてややこしいもの、いったいだれが決めたんだろう!

そんな、漢字に関する素朴な疑問には、実は、漢字の世界を理解する大きな手がかりが潜んでいます。しかし、多くの場合、疑問を感じてもそのまま流してしまって、答えを求めて突っ込んで考えたり調べたりはしないことでしょう。

そこで、本書の登場です。

本書では、私たちが折々に触れて抱くような漢字に関する疑問を七〇、取り上げて、その一つ一つにていねいに答えていきます。

そして、その答えを通じて、たとえば音読みと訓読みの違いだとか、漢字の書き方の歴史的な移り変わりだとか、部首とはいったい何なのかといったような、漢字に関するより根本的な知識を説明していきます。

そういった知識は、漢字の世界の〝ツボ〟のようなものです。きちんと理解しておけば、目の前の疑問だけでなく、さまざまなほかの疑問にも、応用ができるようになるのです。

本書では、やさしくて基本的な疑問から、むずかしくて発展的な疑問へと、順番に並べておきましたから、通読していただくと、漢字の〝ツボ〟が無理なくご理解いただけるようになっています。とはいえ、ご興味のあるところから拾い読みしていただいても、まったく問題はありません。

漢字の勉強とは、むずかしい漢字を読んだり書いたりできるようになることだ、というイメージがあります。それまで知らなかった漢字を身につけることは、もちろん、それはそれですばらしいことです。

しかし、漢字は、三三〇〇年以上にも及ぶ長い長い歴史を持ち、中国から日本へと伝来して多くの人々に使われてきた文字です。その世界には、読んだり書いたりだけでは終わらないおもしろさが、いっぱい詰まっています。

本書を通じて、そんな漢字の〝おもしろさ〟がみなさんに伝わるように、願っています。

二〇一七年四月

円満字　二郎

知るほどに深くなる漢字のツボ■目次

Step2

基本編 知ってるだけで必ず役に立つ20のツボ

Step3

応用編 漢字がもっとおもしろくなる20のツボ

Step4
発展編
漢字の奥深さをとことん愉しむ15のツボ

カバー写真提供■shutterstock
Olga Tropinina／shutterstock.com
本文イラスト■いしかわけん
本文ＤＴＰ■ハッシィ

Step 1

入門編

大人になると聞きにくい15のツボ

1

漢字の音読みと訓読みって、そもそも何が違うの？

「左」の音読みって知ってる？

そう聞かれたら、それほど漢字に詳しくない人でも、「サ」じゃないの？ と答えることでしょう。じゃあ、訓読みは？ と問われたら、「ひだり」と答える。「走」の場合は、音読みは「ソウ」で、訓読みでは、「走る」と送りがなを付けて「はしる」と読みます。

そんなことは、小学生でも知っています。でも、音読みとはどんなもので、訓読みとはどう違うのか、きちんと説明をしてくださいと言われたら、いい年をした大人でも、ちょっと困ってしまうのではないでしょうか。

音読みと訓読みの違いは、実は、漢字と日本語の歴史に深い関係があります。

漢字は、大昔の中国で発明された文字です。どれくらい大昔かと申しますと、今から三三〇〇年くらい前には、すでに使われていたことがわかっています。

中国で発明されたわけですから、漢字は、もともとは中国語を書き表すための文字でした。そこで、当たり前のことですが、中国語としての発音しか持っていませんでした。

日本列島で暮らす人々が漢字を使って文章を書くようになったのは、だいたい今から一六〇〇年くらい前のことかと推測されます。くどいようですが、その段階では、漢字には中国語としての発音しかありませんでした。

われわれの先人たちは、それを耳にして、まねをして発音してみたことでしょう。中国語としての「左」「走」の発音は、先人たちには「サ」「ソウ」と聞こえました。そこで、「左」「走」を「サ」「ソウ」と読むようになったのです。

ただし、それは、当時の中国語の発音そのままではありません。現在にたとえれば、英単語を日本人まるだしのカタカナ英語で読むのと同じこと。LとRの違いなどおかまいなしに、leftは「レフト」、runは「ラン」と発音するようなものです。

つまり、音読みとは、昔の中国語の発音が、日本語風になまったものなのです。

一方、「左」「走」は、中国語の単語として、ある意味を表しています。漢字を学び始めたわれわれの先人たちは、やがて、それを日本語に翻訳すると「ひだり」「はしる」となることに気付きました。

だったら、「左」「走」をそのまま「ひだり」「はしる」と読んでしまえばいい！

訓読みとは、そういう発想から生まれた漢字の読み方。いわば、漢字の〝翻訳読み〟なのです。

こちらは、英語のleftやrunを、そのままのつづりで「ひだり」「はしる」と読んでしまうことに相当します。考えてみると、なかなか思い切った発想ですよね！

私たちは、日本語を書き表す文字として漢字を使っています。しかし、漢字とはもともとは中国語を書き表す文字です。私たちが常日ごろ用いている漢字の背後には、それを日本語用にカスタマイズしてきた、長い歴史があるのです。

ここがツボ！

音読みは、もともとは中国語の発音。訓読みは、漢字の意味を日本語に翻訳して生まれた読み方だと知るべし。

2 どんな漢字にも、必ず音読みと訓読みがある？

「央」を「オウ」と読むのも、「脈」を「ミャク」と読むのも、音読みです。では、これらの漢字は、訓読みでは何と読むでしょうか？

そう聞かれると、答えに困ってしまう人も多いことでしょう。どちらも、ふつうは訓読みでは使わない漢字だからです。ただ、漢和辞典によっては、「央」に「なかば」、「脈」に「すじ」という訓読みを載せていることがあります。

なるほど、「中央」のように使う「央」とは〃真ん中〃という意味。ならば、「なかば」と読めそうです。「脈」とは、血管のように〃線のように伸びているもの〃を指す漢字ですから、「すじ」と読むのも納得がいきますよね！

このように、訓読みとは、その漢字の意味を日本語で簡潔に説明したものです。それに対して、音読みは、その漢字がもともと中国語として持っていた発音が、日本語風に変化したものです。

漢字とは、そもそもは中国語を書き表すために作られたもの。当たり前のことですが、中国語としての発音と意味を持っています。ですから、日本語を書き表すために使われる場合でも、音読みと訓読みがあるのは、当然のことなのです。

ただ、現在では、「央」を「なかば」と読んだり、「脈」を「すじ」と読んだりすることは、めったにないことでしょう。漢字を使って「なかば」や「すじ」を書き表したければ、「半ば」「筋」とする方がふつうです。

このように、訓読みの中には、理論的には存在しているけれど、実際にはまず使われないものが、たくさんあります。

実際、江戸時代の辞書を見てみますと、「農」を「たつくり」と読んだり、「材」を「つくりき」と読んだりしている例もあります。

「農」とは〝田んぼを作る〟ことだから、「たつくり」。「材」とは〝加工された木〟だから「つくりき」。なぞなぞみたいでおもしろいですが、実際にそう読んで使う場面は、あんまり想像できないですよねえ……！

すべての漢字に音読みと訓読みがある、とはいうものの、現実としては、訓読みが存在しないに等しい漢字も多いのです。

一方、音読みについても、例外があります。それは、いわゆる「国字《こくじ》」です。国字とは、日本で作られた漢字のこと。「畑」とか「峠」とか「鰯《いわし》」などが、その代表です。これらは、日本で作られたものですから、中国語としての発音は持っていません。だから、音読みも存在しないのです。

ただし、困ったことに、例外の例外もあります。たとえば、「はたらく」と訓読みする「働」。これも国字ですが、「動」の音読みを借りて「ドウ」とも読まれます。辞書的には、この読み方も音読みに分類されています。

ここがツボ！

辞書には載っていても、実際には使われない訓読みも多いことに気をつけよ。

3 「対象」「対称」「対照」「隊商」……なぜ日本語には同音異義語が多い？

①大学生をタイショウとしたアンケート調査。
②この建物は、左右タイショウの構造になっている。
③彼と彼女とは、タイショウ的な性格だ。

それぞれの「タイショウ」を漢字に直すとどうなるでしょうか？　漢字のテストで、そんな問題がよくありますよね。

答えは、①は「対象」で、②は「対称」、③は「対照」です。これらを「タイショウ」と読むのは、すべて音読み。このように、音読みは同じなのに意味が異なる熟語のことを「同音異義語」といいます。

日本語には、国語の先生がテスト問題を作るのに苦労しないくらいに、同音異義語がたくさんあります。まったく、まぎらわしくって、イヤになりますねえ！

でも、「対象」と「対称」と「対照」は、実は、昔の日本語では発音が違っていたのです。

いわゆる「旧仮名遣い」は、平安時代のころの日本語の発音を基準にして、定められています。これによれば、「対象」は「タイシヤウ」、「対称」は「タイシヨウ」、「対照」は「タイセウ」と区別されます。

つまり、平安時代には、それぞれの熟語がそのように発音されていた、ということ。後に発音が変化して、「シヤウ」「シヨウ」「セウ」はすべて、「ショウ」と発音されるようになったのです。

ところで、「タイショウ」と読む熟語には、ほかにもたとえば「隊商」があります。これは、旧仮名遣いで書くと「タイシヤウ」となり、「対象」と同じです。でも、もっとさかのぼると、「対象」と「隊商」もまた、発音が違っていたのです。

とはいっても、それは中国語でのお話。なにぶん、録音が残っているわけではないのではっきりとは言えませんが、奈良から平安時代のころに日本人が耳にした中国語の発音では、「対」はtuaiのような音、「隊」はduaiのような音だったと推測されています。

音読みとは、中国語の発音が日本語風になまったもの。元は発音が違った「対」と「隊」も、日本人の手（口？）にかかると同じく「タイ」になってしまったのです。

日本語では、「あかさたな……」の各行に濁音と半濁音を加えて、全体で七〇～八〇の音があれば、すべてのことばが表せます。しかし、中国語の発音ははるかに複雑で、数百種類もの音が使われています。

このため、音読みでは、元の中国語の発音はかなり単純化されています。現在、私たちが使っている音読みは、中国語から日本語へという段階と、平安時代の日本語から現代の日本語へという段階の二度にわたって、単純化されているものなのです。

現代の日本語に同音異義語が多いのは、そのためです。

ここがツボ！

音読みは、元になった中国語の発音がかなり単純化されたもの。音読みが同じ漢字が多いのはそのためだと心得るべし。

4

「重箱読み」「湯桶読み」……漢字の読み方のキホンの〝法則〟とは？

おせち料理のように、ちょっと高級な日本料理を入れて出すときに使われる箱が、「重《ジュウ》箱《ばこ》」。何段かに重ねて使うことが多いところから、この名前があります。

このことば、「重」を「ジュウ」と読むのは音読みで、「箱」を「はこ（ばこ）」と読むのは訓読み。ちなみに、「箱」を音読みするとすれば、「ソウ」です。以下、わかりやすいように、音読みはカタカナで、訓読みはひらがなで示します。

一方、おそば屋さんでそば湯を入れて出す入れものがありますよね。「湯《ゆ》桶《トウ》」とは、あれのこと。こちらでは、「湯」を「ゆ」と読むのは訓読みです。「桶」は、訓読みならば「おけ」と読みますが、音読みでは「トウ」と読む漢字です。

このように、二字の熟語の場合、一文字目を音読みで、二文字目を訓読みで読む読み方のことを、「重箱読み」といいます。逆に、一文字目が訓読みなのに二文字目は音読みする読み方が、「湯桶読み」です。

ところで、音読みとは、もともとは中国語の発音だったものが、日本語風に変化したもの。訓読みとは、その漢字の意味を、日本語に翻訳して簡潔に表現したものです。

つまり、音読みで読むことばは中国語からの外来語のようなもの。一方、訓読みで読むことばは、元からの日本語だということになります。ですから、二字熟語の場合、二つの漢字の読み方は、音読み同士、訓読み同士でそろえる方が自然です。

たとえば、「恋愛《レンアイ》」は二文字とも音読み、「恋文《こいぶみ》」は二文字とも訓読みです。これを、「こいアイ」とか「レンぶみ」とか「こいブン」などと読むと、中国語と日本語がごちゃまぜになって、落ち着かないのです。

重箱読みと湯桶読みでは、その落ち着かないはずのごちゃまぜ読みが、あえて行われているのです。妙ですよね？

とはいえ、重箱読みや湯桶読みの例は、実は、身の回りにたくさんあります。たとえば、「極細《ゴクぼそ》」「台所《ダイどころ》」「厄年《ヤクどし》」などは、重箱読みの例。「相棒《あいボウ》」「酒代《さかダイ》」「古本《ふるホン》」などは、湯桶読みの例です。こんなごちゃまぜ読みが、どうして、まかり通っているのでしょうか？

その理由として考えられるのは、「極《ゴク》」「台《ダイ》」「厄《ヤク》」「棒《ボウ》」「代《ダイ》」「本《ホン》」といった音読みは、それだけでも日本語として意味が通じる、ということでしょう。だから、訓読みと組み合わせても、違和感がないのです。
考えてみれば、「ボール紙」や「ガラス窓」も、外来語と日本語をごちゃまぜにして使っていることばです。でも、違和感を覚えることはまずありません。
日本人は外来語が好きだと、よくいわれます。それは、最近に限ったことではありません。漢字という中国語との出会い以来、ずっと続いていることなのです。

ここがツボ！

音読みと訓読みを交ぜて使う「重箱読み」「湯桶読み」では、日本語と中国語が交じり合っていることに気をつけるべし。

5 当て字が〝許される〟かどうかの境界線は？

「五月蠅い」と書いて、「うるさい」と読む。これは、市民権を得ている当て字だといってよいでしょう。明治以来、多くの作家が使ってきたものですし、パソコンによっては、「うるさい」と入力したら「五月蠅い」と変換してくれるものさえあります。

しかし、「夜露死苦」と書いて「よろしく」と読む、となるとどうでしょうか？　こんな当て字は許せない、と感じる方もいらっしゃるかもしれません。

この二つの違いは、どこにあるのでしょうか。

「五月蠅い」の方が歴史が古いとか、夏目漱石だって使っているとか、いろんな違いはあるでしょう。ただ、純粋に漢字的な観点から見た場合、根本的な違いは、漢字の意味がどれくらい生かされているかにあります。

五月の蠅は、ブンブンと飛び回って、うるさい。そこで、「五月蠅い」と書いて「うるさい」と読ませる。この当て字では、「五月蠅」という漢字の意味が、「うるさい」という

ことばの意味をイメージさせる役割を果たしています。
それに対して、夜露が降りて死ぬほど苦しいとしても、それは「よろしく」ということばにはつながりません。漢字の並びがカッコイイという意識はあるのでしょうが、「夜露死苦」の場合、漢字の意味はほとんど生かされてはいないのです。

漢字は、音読みや訓読みといった読み方を表すと同時に、意味をも表します。このうち、読み方だけを重視して使うのが、「夜露死苦」のような当て字。意味だけを重視して用いるのが、「五月蝿い」のような当て字です。

「火傷《やけど》」「紫陽花《あじさい》」「秋桜《コスモス》」などは、みんな、意味を重視して漢字を用いています。これらは、意味に裏打ちされているぶんだけ、いったん覚えると忘れにくく、読み重視の当て字よりも定着しやすい傾向があります。

一方、読みだけを重視した当て字の代表的な例は、「亜米利加《アメリカ》」「巴里《パリ》」のような、外国の固有名詞を表すもの。これらは、わざわざ漢字を用いるメリットがあまりなく、次第に使われなくなっていくのがふつうです。

とはいえ、例外ももちろんあります。

たとえば、「珈」「琲」は、どちらも宝飾品の一種を指す漢字ですが、ふつうの人は、その意味すら知らないでしょう。しかし、当て字の「珈琲《コーヒー》」は、読めない方が非常識だと思われるくらい、よく使われています。

ただし、これが「加非」で「コーヒー」と読ませる当て字だったら、見向きもされなかったに違いありません。「王」が醸し出すゴージャスな雰囲気が、当て字「珈琲」の魅力でしょう。とすれば、雰囲気もまた意味の一種だと考えてよいのかもしれません。

ここがツボ！

当て字には、意味を重視するものと読み方を重視するものがある。意味を重視するものの方が、〝許される〟可能性が高いと考えよ。

6

「あらわす」を漢字にすると、「表わす」？　それとも「表す」？

日本語の動詞には、次にどのようなことばが続くかによって語尾が変わる、という特徴があります。いわゆる「活用形」ですね。

一方、中国語には活用はありません。そこで、もともとは中国語を書くために作られた漢字は、活用形とは無縁です。そのため、漢字を使って日本語を書く場合には、活用する部分を「送りがな」として付け加える必要があるのです。

「とぶ」の場合は、「とば（ない）」「とび（ます）」「とぶ」「とぶ（とき）」……と活用します。ですから、「と」だけを漢字にして、「飛ぶ」と書き表せばいいわけです。

このように、活用する部分を送りがなにするのが、送りがなについての第一の原則です。

では、「とばす」だとどうでしょうか？　「とばさ（ない）」「とばし（ます）」……と活用するので、「飛す」と書けばよさそうですが、それだと、「飛ぶ」との整合性が取れません。そこで、「飛ばす」と書き表すことになります。

「つきる」も同様の例で、活用形だけを考えれば、「尽る」となります。しかし、「つくす」との整合性を考慮して、「尽きる」とするのがふつうです。

同じ系統のことばは、整合性が取れるように送りがなを付ける。これが、送りがなの付け方についての二つ目の原則です。

送りがなについては、もう一つ、頭に入れておきたいことがあります。それは、読み間違えが生じる場合には、送りがなを多く付けてもよい、ということです。「あらわす」は、その代表的な例。「あらわさ（ない）」「あらわし（ます）」……と活用しますから、原則に従えば、「表す」と書くのが〝正しい〟ということになります。

しかし、たとえば、「偉大な先輩に敬意を表す」と書いたとしましょう。この「表す」は、〝正しい〟送りがなの付け方ですが、「ひょうす」とも読めてしまいます。そこで、送りがなを一つ多くして、「表わす」とすることもあるのです。

文部科学省的には、「表す」も「表わす」も認めています。どちらもOKなのです。

似たような例としては、「おこなう」があります。活用する部分だけを送りがなにするならば「行う」ですが、「行った」と書くと、「おこなった」なのか「いった」なのか、わからなくなってしまいます。そのため、「行なう」とする人も、少なくありません。

逆に、読み間違える可能性がごく少ない場合に送りがなを省略することも、よくあります。たとえば、会社などの「うけつけ」は、本来は「受け付け」と送りがなを付けて書くべきですが、読み間違えの恐れは少ないので、「受付」で済ませているのです。

実際には、送りがなの付け方にはいろいろな場合があり、厳密に考えようとすると、かえって混乱します。以上のように適度に幅を持たせておく方が、現実的なのです。

ここがツボ！

送りがなは、活用する部分から送るのが大原則。ただし、読み間違えないように多く送ってもかまわないことを知っておくべし。

7

「とめ」「はね」「はらい」の〝ルール〟は、どのくらい厳密なもの？

今から三三〇〇年くらい前、中国で漢字が使われ始めたころ、人々は、亀の甲羅や動物の骨などに、刃物で刻みつけるようにして漢字を書いていました。このころの漢字は、「甲骨文字《こうこつもじ》」と呼ばれています。

甲羅や骨が硬いのに対して、当時の刃物は、切れ味がよくはありません。そんな書き方をするのですから、「とめ」「はね」「はらい」などに気を付けろという方が、無理な注文。甲骨文字の時代には、「とめ」「はね」「はらい」の意識はありませんでした。

漢字の祖先の古代文字としては、甲骨文字のほかに、今から二二〇〇年くらい前に定められた「篆書《てんしょ》」も、よく知られています。ただ、この段階でも、主に筆記用具の制約から、「とめ」「はね」「はらい」は見られません。

現在のように「とめ」「はね」「はらい」に気を配るようになるのは、筆先を自由に動かせる筆を使って、表面のなめらかな紙の上に漢字を書くようになってからのことです。

それは、おおむね、三～四世紀ごろのことだと推定されています。現在、私たちがふつうに書いている「楷書《かいしょ》」という書き方は、このころに生み出されたのです。

図は、右から、甲骨文字、篆書、楷書で「月」を書いたもの。楷書での左下の「はらい」や、右下の「はね」が古代文字には見られないことが、よくわかります。

筆と紙という道具を得て、思い通りの形に漢字を書けるようになった人々は、いかに美しい漢字を書くかに目覚めました。「書道」の誕生です。実際、「書聖」として知られる天才書家、王羲之《おうぎし》は、四世紀の人です。

つまり、漢字の「とめ」「はね」「はらい」は、書道と深い関係があるのです。美しく整った漢字を書くためにはとても重要なことではありますが、きちんと守らなかったからといって、漢字として〝間違い〟であるとまでは言えません。

そもそも、漢字とはコミュニケーションの道具です。こちらの考えていることを相手に伝えるのが、その役割。そういう観点から考えれば、ほかの漢字だと誤読されない範囲であれば、形が崩れても問題はありません。

実際、漢字の中には、「とめ」「はね」「はらい」を守らなかったからといって、別の漢字になってしまうようなものは、ほとんどありません。「干（カン、ほす）」の下をはねると「于（ウ）」になりますが、現在の日本語では、「于」を使う場面は、まずないでしょう。

「とめ」「はね」「はらい」は、漢字を美しく書くためのマナーのようなもの。マナーを守るのは、人間としてとても大事なことです。しかし、マナーにあまりこだわりすぎると、時にはうるさがられてしまいますから、注意が必要です。

ここがツボ！

「とめ」「はね」「はらい」は、美しく整った漢字を書くための習慣。重要なことではあるが、絶対的なものではないことに注意せよ。

8

そもそも書き順って、だれが決めた？

書き順とは、たとえば、お箸の持ち方のようなものです。

きちんとしたお箸の持ち方をしていなくても、ごはんは食べられます。実際、我流の持ち方をしている人も少なくありません。

でも、あんまり妙なお箸の持ち方をしていると、人前で食事をするときには、ちょっとみっともないですよね。きちんとお箸を持てる人の方が、食べ方がきれいに見えますし、

同席している人にいい印象を与えることでしょう。

それだけではありません。きちんとしたお箸の持ち方には、合理的な面もあって、食べやすいように切り分けたり、小さなものをつまんだりしやすいのです。

書き順だって、同じこと。きちんとした書き順を知らなくても、漢字は書けます。

しかし、人前で漢字を書くような際には、めちゃくちゃな書き順だと違和感を持たれてしまいます。場合によっては、信用を少しばかり損なうことだってあるかもしれません。

その点、きちんとした書き順で漢字を書ける人は、見ていて安心感があります。その上、美しく整った漢字を書きやすい、というメリットもあるのです。

お箸の持ち方とは、だれか特定の個人が決めたものではありません。同様に、書き順もだれかが決めたわけではありません。美しく整った漢字を書くためには、どこから、どんな順番で書いていくのが最も落ち着くのか、習慣的に定まってきたものです。

ですから、漢字によっては、書き順が複数、存在するものだってあります。

たとえば、「取」などに見られる「耳へん」には、図のような二種類の書き順があります。「必」の場合には、三種類の書き順があることが知られています。

ただ、学校教育での書き順については、一九五八（昭和33）年に当時の文部省から出版された『筆順指導の手びき』という冊子に拠ることになっています。この冊子では、「取」も「必」も、図に示した一番上の書き順が、最も一般的なものとして採用されています。みなさんの中にも、この書き順を習った方が多いのではないでしょうか。

とはいえ、学校で教える書き順を一つに決めているのは、子どもたちを混乱させないようにという、教育上の配慮からのこと。この冊子の中でも、筆順はここに示すものだけには限らない、とはっきりとうたわれています。

書き順に対しては、縛られすぎず、かといってないがしろにもしすぎない、という姿勢がおすすめです。

ここがツボ！

書き順は、美しく整った漢字を書くために、習慣上、生まれたもの。学校で習う以外に、さまざまな書き順が存在していると心得るべし。

9 部首は、何のために存在するのか？

漢字辞典や漢和辞典では、漢字を、部首と画数によって並べます。まずは部首ごとに分類し、同じ部首の漢字は、画数の少ない順に並べるのです。

国語辞典と同じように、読み方の五十音順に並べることも、もちろん可能です。しかし、漢字の場合、一つの漢字にいくつもの読み方があることが少なくありませんし、何よりも、それだと読めない漢字を調べることができなくなってしまいます。

部首など気にせずに、画数だけで並べてもよいのですが、ふつうの漢字の辞書では、数千から一万以上もの漢字を収録します。画数だけだと、一つの画数のところに数百もの漢字が集まってしまい、目的の漢字を探すのにとても苦労してしまいます。

つまり、部首を目印にして漢字を分類するというのは、漢字の辞書にとっては、とても便利な方法なのです。そもそも、部首が考案されたのは、今から一九〇〇年くらい前の中国で、『説文解字《せつもんかいじ》』という辞書が作られたときのことでした。

ただ、部首が存在するのは、辞典のためだけではありません。「桜」「梅」「松」「杉」などなど、「木」を部首とする漢字には、樹木の名前を表す漢字がたくさんあります。また、「植」「栽」のように、木に関する行動を表す漢字もあります。

つまり、部首「木」の漢字には、〝木〟に関係しているという意味上の共通点があるわけです。これは、ほかの部首でも同じこと。「氵（さんずい）」の漢字は〝水〟に関係があるというのは、「河」「流」「洗」などの例を挙げるまでもなく、お気づきのことでしょう。

ほかにも、「宀（うかんむり）」の場合は、「家」「宮」「室」「宿」など、〝建物〟に関係があります。「進」「退」「速」「送」などに見られる「辶（しんにょう、しんにゅう）」は、〝移動〟に関係しています。

例外もありますが、部首はおおむね、多くの漢字に共通する形で、なおかつ共通する意味を表すものとなっているのです。

金属の「板」やプラスチックの「棒」があるのに、これらが部首「木」の漢字なのは、もともとは木製のものを指していたから。「宝」や「富」の部首が「宀」なのは、貴重品が建物の中にしまわれるところからです。

このように、部首は、その漢字がもともとはどのような意味を持っていたのかを知るための手がかりとなります。これは、漢字の世界をより深く理解する上で、とても重要なことです。

なお、部首による漢字の分類を初めて採用した辞書『説文解字』では、部首の数は五四〇もありました。しかし、それだと漢字を調べる目印としては多すぎるので、現在ではかなり数を減らして、二二〇前後の部首を立てるのがふつうです。

ただ、辞典によって部首の立て方には細かい違いがありますので、注意が必要です。

ここがツボ!

部首とは、漢字の辞典で漢字を調べるための目印として考え出されたもの。同時に、共通する意味をも表すという特徴があることを理解するべし。

10 漢字のなかで、どこを部首にするか、どうやって決めている？

ほとんどの漢字は、直感的に二つの部分に分けることができます。そして、そのうちの一方が部首となります。

たとえば、「銅」ならば、「金」と「同」に分けられて、「金（かねへん）」が部首。「怒」ならば、「奴」と「心」に分けられて、「心（こころ）」が部首。「談」ならば、「言」と「炎」に分けられて、「言（ごんべん）」が部首といった具合です。

これらの部首については、迷う方はそれほどはいらっしゃらないでしょう。なぜなら、「同」とか「奴」とか「炎」が部首になるとは、まず考えもしないからです。実際、そんな部首はありません。

では、「問」はどうでしょうか。この漢字は、「門」と「口」に分けられるので、部首は「門（もんがまえ）」かと思いきや、そうではありません。口を使ってことばで〝といかける〟ことを表す漢字ですから、「口（くち）」の方を部首とするのです。

このように、部首とは、その漢字の持っている意味と深い関わりがあります。その一方で、部首ではない部分は、多くの場合、その漢字の音読みと関係があります。「銅」ならば、部首「金」は〝金属〟の一種であることを表し、「同」は音読みが「ドウ」であることを示しています。同様に、「怒」は、部首「心」が表しているように〝心〟の動きの一種を表す漢字で、「奴」の音読み「ド」は、「怒」の音読みでもあります。

ここで注意してほしいのは、部首ではない方が表しているのは昔の中国語の発音だ、ということ。そのため、現在の日本語の音読みとは一致しないこともあります。「談」はその例。部首「言」は〝ことば〟を意味するので問題はありませんが、「炎」の音読みは「エン」で、「談」の音読み「ダン」は、そこからはズレてしまっています。

それはともかくとして、話を部首の方に戻せば、ある漢字の部首を決める場合には、その漢字の意味とより深い関わりのある部分を取り出せばよい、ということになります。とはいえ、これに関しても、実際には判断がむずかしいこともあります。

たとえば、「酒」の場合。〝お酒〟は液体ですから、〝水〟を表す「氵（さんずい）」を部首として、問題はなさそうですよね。

でも、「酉（とり、ひよみのとり）」だって、実は、「酔」「酎」「醸」などにも見られるように、〝お酒〟に関係することを表す部首なのです。こちらの方が関係が深いですから、「酒」の部首は「酉」とするのがふつうです。

また、漢字の中には単純には二つに分けられないものもありますし、特殊な部首の決め方がされているものもあります。辞典によって部首が異なる漢字さえあるのです。

そうは言っても、多くの漢字で、その漢字の意味と深い関係がある部分が部首として選ばれています。部首について考える際には、これを基本に置いておくとよいでしょう。

ここがツボ！

二つの部分に分けられる漢字の場合、その漢字の意味と深い関係がある方を部首とするのが基本であると心得よ。

11 漢字はいつごろから使われているのか？

「中国三〇〇〇年の歴史」とか、「中国四〇〇〇年の歴史」とか言いますよね。一〇〇〇年違えば大違いですが、実際には、どちらが現実に近いのでしょうか。

「歴史」ということばが、〝人類が経験してきたできごとの記録〟を指すのだとすれば、中国の歴史は、三三〇〇年くらい前までさかのぼることができます。

このころの中国では、狩猟や戦争から結婚や出産に至るまで、王が行うさまざまなことについて、あらかじめ吉凶を占う習慣がありました。亀の甲羅や動物の骨に傷を付けて加熱すると、はじけて割れ目ができます。その割れ目の形で、未来を占ったのです。

占いが終わると、その甲羅や骨に、占いの内容とその結果を刻み込み、記録としました。そのときに使われたのが「甲骨《こうこつ》文字《もじ》」で、現在、確認されている最も古い漢字の祖先です。

甲骨文字が出土するのは、紀元前一三〇〇年ごろの遺跡から。中国では、もっと古い遺跡から文字らしきものが出土した例もありますが、それらはまだ「文字」と呼べる段階の

ものではない、というのがおおかたの見方です。

上の図は、右から順番に、「火」「門」「兵」の甲骨文字。このうち、「火」と「門」は、いかにも絵文字ですよね。

ところが、「兵」は、ちょっと複雑な形。真ん中の「　」が〝武器〟で、残りの「　」は〝両手〟の形。合わせて〝両手で武器を持っている形〟だ、と解釈されています。

占いの風習が廃れるとともに、甲骨文字も使われなくなっていきます。それに代わって登場するのが、「金文《きんぶん》」と呼ばれる漢字の祖先です。

この文字が見られるようになるのは、紀元前一一〇〇年ごろから。当時、よく使われた金属、青銅で作られた器に鋳込まれて残されているので、この名前があります。

ここがツボ！

現在、確認されている最古の漢字は、三三〇〇年くらい前に中国で使われた「甲骨文字《こうこつもじ》」であると知るべし。

12

ズバリ、世の中に漢字はいくつある?

現在、日常的な日本語を書き表すのに用いられる漢字は、専門用語や固有名詞などに使われる特殊なものを除けば、だいたい三〇〇〇〜四〇〇〇種類くらいだろうと言われています。けっこうたくさんありますよね?

一方、一般的なサイズの漢和辞典を見ると、だいたい一万〜一万数千の漢字が載っています。これまでに出版された最も大きな漢和辞典は、諸橋轍次《もろはしてつじ》という学者が作った『大漢和辞典』(大修館書店)で、約五万の漢字を収録しています。

では、漢字の数は全部で五万かというと、そうではありません。『大漢和辞典』には掲載されていない漢字も、たくさんあるのです。

中国で近年、出版された辞書の中には、八万数千字を収録したものや、一〇万字以上を載せているとうたうものもあります。

ただ、そうやってどんどん増えていく漢字の大半は、「異体字《いたいじ》」と呼ばれるものです。

たとえば、お名前で使われる「高」という字は、人によっては「髙」と書くこともありますよね。また、「吉田」さんの「吉」だって、「口」の上が「士《さむらい》」になっているもののほかに、「土《つち》」になっているものもあります。

これらは、形こそ違いますが、漢字としての読み方や意味には、違いはありません。

このように、同じ漢字なのに書き方が違う字のことを、異体字と言います。細かい違いを気にし始めると、異体字はどんどん増えて行きます。

また、漢字は、中国を中心とする広い地域で、非常に長い期間にわたって使われてきたものです。どこかの地方の古文書の中から、それまで知られていなかった漢字が〝発見〟されることだって、十分にありえます。

というわけで、漢字の総数は、これからもどんどん増えていくことと想像されます。

ここがツボ！

漢字は一〇万以上は存在するが、そのほとんどは形の細かい違いを区別したものであることに注意せよ。

13

常用漢字かどうか、どんなときに〝問題〟になるの？

「私は常日ごろから、常用漢字を意識して生活しています！」

そんなふうに言い切れるのは、お役所で公文書を作っている人か、新聞社の校閲部で働いている人、出版社で国語辞典や漢和辞典、そして教科書や学校教材を編集している人くらいのものです。

それ以外の大多数の日本国民にとっては、常用漢字なんて意識したこともなければ、必要性もわからない存在であることでしょう。

そもそも、常用漢字とは何なのでしょうか？

文化審議会の答申により、内閣府が二〇一〇年に定めた『常用漢字表』の「前書き」によると、それは「法令、公用文書、新聞、雑誌、放送など、一般の社会生活において、現代の国語を書き表す場合の漢字使用の目安」です。

そこで、「法令、公用文書、新聞」では、この表に掲げられた「常用漢字」の範囲内で漢字を使うのが原則です。それ以外の漢字を用いようとする場合には、振りがなを付けるとか、かな書きにするなどの対応が取られます。

このため、公文書を作る人や、新聞社の校閲部員は、『常用漢字表』を頭に入れて、日々の仕事をしなければならないのです。

「雑誌、放送」では、それほど厳密ではありません。常用漢字とは「目安」ですから、絶対に従わないといけないものではないのです。これらの世界では、常用漢字以外の漢字でも、特に振りがなも付けずに使っているのが、よく見かけられます。

ただ、国語辞典や漢和辞典となると、話は異なります。

辞典には、ことばの使い方の規準を読者に示す、という役割があります。そのため、常用漢字の範囲外の漢字が見出しに出て来た場合は、何らかの印を付けますし、解説文の中に出て来る場合は、振りがなを付けるなどの対処をするのが一般的です。

教科書や学校教材も同じこと。学校でことばの使い方を教える場合には、何らかの規準にのっとる必要があります。そして、その規準が、学校によってまちまちだと、児童・生徒の方が困ってしまいます。

そこで、学校での国語教育は、常用漢字の範囲内で行うよう、定められています。端的に言えば、中学校から大学に至るまで、入学試験も常用漢字の範囲内で出題されます。常用漢字とは、みんなが勉強しないといけない漢字の範囲を定めたものでもあるのです。

常用漢字の必要性については、ここから考えるのが、わかりやすいでしょう。

みんなが勉強しないといけないということは、逆に言えば、常用漢字の範囲内で漢字を使っておけば、ほとんどの人が読める文章になるはずです。

だから、公文書や新聞をはじめとして、多くの人に理解してもらわなければならない文章は、それに従って漢字を用いる。常用漢字とは、そういう役割を担っているのです。

ここがツボ！

常用漢字とは、端的には、学校で教える漢字の範囲を定めたもの。
それ以外の漢字を使うときは、読めない人もいることに注意すべし。

14
子どもの名づけに使っていい漢字かどうかの分かれ目は？

ヨーロッパのことばは、アルファベット二六文字さえ知っていれば、書き表せます。なのに、日本語を書き表すには、数千もの漢字を覚えないといけません。そんなに効率が悪いことをしていると、ヨーロッパの文明には追いつけないいんじゃないか？

かつては、そんな考え方から、漢字の数を減らそうという主張が大きな力を持った時代がありました。実際、漢字をやめてかな書きにしようとか、ローマ字書きにしようとかいう議論も、真剣になされたのです。

幕末の黒船来航の衝撃から、第二次世界大戦敗戦後の復興に至るまで、日本という国が歩んだ歴史を振り返れば、その気持ちもわからないではありません。ただ、現在では、その主張はあまり支持を得られないでしょう。

子どもの名づけに使ってはいけない漢字があるのは、基本的には、漢字の数を減らすべきだという考え方の名残です。かといって、現代的な意味がまったくないというわけでもありません。

極端な例を考えてみましょう。

出生届けに、まちがった漢字が書かれていたとしたら、どうでしょうか？　その子が一生、まちがった漢字を背負って生きて行かなくてはならないことを考えると、これはそのまま受け入れられるべきではないでしょう。

では、この世には存在しない、ウソ字が書かれていたとしたら？　これまた、認められるべきではないことは、言うまでもありません。

とはいえ、その親が、「この字はまちがっていない。ウソ字でもない」と主張することだってありえます。その場合には、その文字がまちがっていることや、ウソ字であることを証明しなければなりません。

そのためには、まちがっていない、ウソ字でもない漢字のリストが必要となります。

そのリストとして漢和辞典を利用してもいいのですが、漢和辞典ごとに、収録している漢字の範囲は異なります。どれか一冊に決めるとなると、政府がある出版社だけを優遇することになってしまいます。

それに、漢和辞典には、ふつうの人にはとうてい読めないような、むずかしい漢字も収録されています。そういう漢字を使って子どもの名前を付けるのは、その子の将来を考えると、あまり勧められるものではないでしょう。

というわけで、現在では、政府が約三〇〇〇字の漢字を選び、そのうちで「常用漢字」ではないものを「人名用漢字」として定めているのです。

もっとも、人名用漢字は、完全に固定されたものではありません。たびたび改定が行われて、要望の強い漢字が追加されてきました。また、裁判で認められて新たな漢字が加わることだってあります。今後も、人名用漢字は増えていくことでしょう。

ここがツボ！

名前には、まちがいでもウソ字でもなく、むずかしすぎもしない漢字を使うのがふさわしい。「人名用漢字」とは、そんな漢字のリストだと理解すべし。

15

パソコンやスマートフォンで、入力できない漢字があるのはなぜ？

パソコンやスマートフォンなどのことを「デジタル機器」と呼ぶのはどうしてでしょうか？

「デジタル」とは、英語で〝数字〟を意味するdigitに由来することば。コンピュータでは、すべてのデータを数字に置き換えて処理しています。だから、コンピュータ技術を用いた機器のことを「デジタル機器」というのです。

たとえば、デジタルカメラでは、画像を細かい点に分解し、それぞれの点に番号を与えます。そして、それぞれの番号の点の色を数値で指定することで、全体の画像を作り上げるのです。

文字だって、同じです。デジタル機器で扱う際には、それぞれの文字に番号を付けておきます。つまり、文章もコンピュータの内部では番号の羅列になっていて、コンピュータの画面には、その番号に対応する文字の画像が映し出されているのです。

文字に付けたこの番号のことを、やや専門的には「文字コード」と呼んでいます。

文字コードは、機械の種類の壁を越えて、統一されている必要があります。そうでないと、こちらのパソコンで作ったメールの文字が、あちらのスマートフォンではまったく別の文字になってしまう、といった不都合が起こるからです。

そこで、デジタル機器の世界では、関係者が集まってオフィシャルな文字コード表を作っています。日本の場合、日本工業規格（ＪＩＳ）として定められた「ＪＩＳコード」が、その代表的なものです。

文字コード表を作るのは、ヨーロッパのことばの場合は、そんなにたいへんなことではありません。ローマ字の大文字小文字に、いくらかの記号も合わせて、全体で一〇〇種類くらいの文字について文字コードを付けてやれば、用は足ります。

しかし、日本語では、そう簡単な話ではありません。なんたって、漢字はとてもたくさんありますから、膨大な数の文字に対して文字コードを付けないといけません。

ただ、あんまり数を多くすると、コンピュータの能力に負担をかけることになってしまいます。特に、昔のコンピュータはまだ性能が高くはなく、そう多くの文字は〝覚えられない〟という状態だったのです。

ＪＩＳコードでも、当初は、カタカナだけに文字コードを付けて、済ませていました。漢字にも文字コードが付けられたのは、一九七八（昭和53）年のこと。当時のコンピュータの処理能力に鑑みて、約六三五〇字がその対象とされました。

つまり、コンピュータでは使えない漢字があるというのは、デジタル機器の計算能力にも限界があるからなのです。

その後、技術の向上に伴って、コンピュータで使える漢字は、格段に増えています。しかし、機器によっては、やはり当初の六三五〇字程度しか使えないものも、あるようです。

ここがツボ！

電子機器では、すべての文字に「文字コード」を割り当てて取り扱う。コードが割り当てられていない文字は、扱うことができないことに注意せよ。

Step 2

基本編

知ってるだけで必ず役に立つ20のツボ

16

「頭痛」「頭髪」「饅頭」で、「頭」の音読みが違うのは、どうして？

外国語を勉強するとき、最初は、先生の発音を聴いて、そのままねして発音を練習しますよね。ただ、巻き舌のRだとか下唇を軽くかむFだとか、日本語にはない発音が日本語なまりになってしまうことも、よくあります。

漢字の音読みも、実はその一種です。

漢字は中国で生み出された文字ですから、中国語で発音されるのが本来の読み方です。それが日本語風になまって定着したのが、音読みなのです。

では、「頭」のように音読みが複数ある漢字はどうしてそうなったのかと申しますと、その原因は、発音を教えてくれた先生にあります。といっても、先生が悪いわけではありません。

日本列島に住む人々が、漢字を本格的に使い始めたのは、四〜五世紀ごろ、古墳時代のことです。このころから中国は、南北朝時代といって、南と北に二つの王朝が並び立つ、大分裂の時代に突入していきます。

　このうち、日本との交流が深かったのは、南朝の方。そこで、日本人が学んだ漢字の発音も、南朝の都、現在の南京を中心とする地方の発音だったのです。

　ところが、六世紀の終わりごろ、北の「隋《ずい》」という王朝が南朝を征服して、中国は再統一されます。隋は短命に終わりましたが、そのあとを「唐《とう》」が受け継いで、以後、約三〇〇年間にわたって、中国文明は空前の繁栄を誇ることとなりました。

　日本からも、六世紀の終わりから九世紀にかけて、その文明を吸収するために遣隋使や遣唐使が派遣されたのは、有名なお話。彼らが学んだ中国語は、当然、隋や唐の都、現在の西安《シーアン》を中心とする北方地域のことばでした。

　中国は広いですから、方言の差が大きく、地方によって発音も異なります。また、時代の経過とともに発音が変化した面もあったでしょう。その結果、それまでの南京地方のものとは微妙に異なる漢字の発音が、日本にもたらされることになりました。

　専門的には、遣隋使や遣唐使が学んできた西安の発音から変化した音読みを「漢音《かんおん》」、それ以前に伝わった南京の発音に基づく音読みを「呉音《ごおん》」と呼んでいます。「頭」の場合、「トウ」と読むのは漢音で、「ズ」と読むのが呉音です。

漢音と呉音の違いは、地域と時代の違いです。そこで、ごく少数の漢字を除いて、すべての漢字に漢音と呉音が存在します。ただ、漢音と呉音が同じ漢字もたくさんあります。

また、現在の日本語では、どちらか一方しか使わない漢字も、少なくありません。

なお、音読みには、「唐音《とうおん》」と呼ばれるものもあります。これは、鎌倉時代から江戸時代にかけてもたらされた中国語の発音に基づいています。

「饅頭」で「頭」を「ジュウ」と読むのは、その例。ただし、唐音は特殊で、その数はさほど多くはありません。

音読みには、元になった中国語の地域や時代によって異なる、「漢《かん》音《おん》」「呉音《ごおん》」「唐音《とうおん》」という分類があると知るべし。

17

「憧憬」を「どうけい」と読んではいけないって、ホント？

音読みとは、古い時代の中国語の発音が、日本語風に変化したものです。その変化は学問的に研究がされていて、一つ一つの漢字の一つ一つの音読みについて、その元になった中国語の発音を具体的に説明することができます。

しかし、中には例外も存在します。

たとえば、「憧憬」の「憧」の場合、昔の中国語の辞典に記されている発音を、一般的な変化のしかたに従って音読みすると、「ショウ」になります。しかし、この漢字を「ドウ」と音読みしている人も、少なくありません。

これは、「憧」の右半分、「童」という漢字の音読みが「ドウ」であるところから、つられて「憧」も「ドウ」と音読みしてしまうのだ、と考えられます。「憧」のもともとの中国語としての発音とは、関係がないのです。

このように、元の中国語の発音とは直接の関係を持たないけれど、音読みとして定着して使われているものを、漢字の世界では「慣用音」と呼んでいます。

「消耗」の「耗」を「モウ」と読んだり、「貼付」の「貼」を「テン」と読んだりするのも、慣用音の例。どちらも、きちんとした音読みは「コウ」「チョウ」です。

こういった慣用音を、〝間違い〟とする立場もあります。

実際、たとえば、漢字のテストで「獰猛」の読み方を「ネイモウ」だと答えたら、たいていはバツにされてしまうことでしょう。「丁寧」の「寧」がついているのでついこう読みたくなりますが、「獰」の音読みは「ドウ」です。

同様に、「輸入」の読み方を「シュニュウ」だと答えたら、どうでしょうか？　ふつうは「ユニュウ」と読みますから、これまた、バツのように思いますよね。

でも、実は、「輸」の本来の音読みは「シュ」。「諭」や「癒」の音読みが「ユ」なので、それにつられて、現在では「ユ」と読む方がふつうになってしまっているのです。

つまり、元は〝間違い〟であっても、それが定着してしまえば慣用音として認めるしかないのです。だって、今さら、「輸入」は「シュニュウ」と読むべし、というわけにもいかないですものね？

となると、慣用音を一概に〝間違い〟だとするわけには、いかなくなってきます。「輸入」

は、完全に定着してしまっている例。「獰猛」は、まだ定着していない例。「憧憬」「消耗」「貼付」などは、その中間の例だといえます。

国語辞典や漢和辞典では、このような漢字については、一つ一つ、その定着の度合いを考えて、慣用音として認めるかどうかを判断しています。

というわけで、ある漢字の読み方が慣用音として認められているかどうかは、結局のところ、辞書で確認していただくしかないのです。

ここがツボ！

音読みには、元になった中国語の発音とは直接的には関係がないものの、定着して使われている「慣用音」もあることに注意せよ。

18

「三位一体」では、なぜ「位」を「い」ではなく「み」と読む？

「三位一体」とは、「三つのものが一体となっている」ことを表す四字熟語。「サンミイッタイ」と読みます。

でも、「かけっこで三位になった」の場合に、「三位」を「サンミ」と読む人はいないでしょう。それなのに、「三位一体」を「サンイイッタイ」と読むと、意地の悪い人からは笑われてしまいます。どうしてなのでしょうか？

「三」を「サン」と読むのも、「位」を「イ」と読むのも、音読みです。音読みとは、昔の中国語の発音が、日本語風に変化したもの。つまり、この場合の「サン」も「イ」も、元をたどれば中国語なのです。

実は、日本の奈良時代から平安時代に当たるころ、中国語では、「三」をsamと発音していました。そこで、それが変化した音読みでも、「サム」と発音されたのです。

つまり、「三位」の読み方は、本来ならば、「サム・イ」。でも、それだとちょっと発音しにくいので、平安時代のころには、変化して「サンミ」と発音されていたのです。

その後、日本語では、さまざまなことばで「ム」が「ン」へと変化したことから、「三」も「サン」と音読みされるようになりました。そこで、現在では、「三位」も「サンイ」と読む方がふつうです。

いわば、「サンミ」は古風な読み方で、「サンイ」は現代的な読み方なんですね。

「三位一体」とは、もともとは、キリスト教で〝神とイエスと聖霊が一体である〟ことを表すことば。ヨーロッパのことばから翻訳するときに、宗教的で伝統的なイメージから、古風な読み方がされるようになったのでしょう。

漢字の世界では、このように、二つの漢字が結びついた結果、特殊な音読みへと変化することがあります。本来は「アン・オン」となる「安穏」を「アンノン」と読んだり、「シユツ・ライ」となる「出来」を「シュッタイ」と読んだりするのも、その例です。


ここがツボ！

漢字の熟語では、前の漢字の音読みの影響を受けて、後の漢字の音読みが変化することがあることに気をつけるべし。

19 そもそも「武蔵」を、なぜ「むさし」と読める？

日本列島に暮らす人々が漢字を使って自分たちのことばを書き表すようになったのは、四〜五世紀ごろのことだと考えられます。ということは、それ以前から存在していた古い地名には、もともとは漢字はなかったことになります。

それらの地名を漢字を使って書き表すのは、一種の当て字のようなものです。関東地方南西部の「むさし」もその一つ。最初は、たとえば「牟佐志」のように、「む」「さ」「し」のそれぞれに漢字を当てて書いていました。

ところが、八世紀に入ると、時の朝廷から、〝地名は縁起のいい漢字二文字で書き表すように〟という命令が出されました。中国の地名の多くは漢字二文字ですから、それにならう意味でこんな命令が出されたものかと思われます。

そこで、「むさし」の場合、「む」は、いかにも強そうな「武」を、「さ」は、当時は「ザウ」「サウ」と音読みされていて、いいものがたくさん収まっていそうな「蔵」を当てることになりました。これでもう二文字ですから、「し」の漢字は割愛されてしまったのです。

このときに決められた地名の書き表し方の中には、このように強引に漢字二文字にされたものが多数、存在しています。

たとえば、現在の大阪府の南部を指す「和泉《いずみ》」。「泉」の一文字で「いずみ」と読めるわけですが、〝漢字二文字で〟というお達しですから、仲が良くおだやかなイメージの「和」を載せて「和泉」と書き表すことになりました。

「やまと」は、もともとは当時の日本人が、自分たちの国を指して名乗ったことば。中国では、『魏志倭人伝《ぎしわじんでん》』で有名なように、日本のことを「倭《わ》」と呼んでいたので、当初は「やまと」も「倭」と書き表していました。

それを、イメージのいい「和」に置き換えて、さらに「大」を載せたのが「大和」なのです。なかなかおもしろいですよね。


ここがツボ！

昔は、地名は漢字二文字で表すのがよいとされたため、古くからある地名の中には強引な当て字も存在することを理解するべし。

20

「気質」は、どんなとき「きしつ」？どんなとき「かたぎ」？

「気」は音読みで「キ」と読み、「質」は音読みで「シツ」と読みます。だから、「気質」を「キシツ」と読むのは、音読みです。音読みとは中国語の発音が変化したものですから、「気質《キシツ》」は、中国語からの外来語のようなものだと言えます。

この場合の「気」は、「気分」や「本気」などの「気」で、〝ある人の言動を生み出すもとになるもの〟。つまり、「気質」とは、〝ある人の言動のもとになるような、特徴的な性格・性質〟という意味になります。

これは、「かたぎ」という日本語にほぼ相当します。そこで、「気質」の二文字をまとめて「かたぎ」と読んでしまうこともあります。このように、二文字以上の熟語をまとめて日本語一語に翻訳して読む読み方を、「熟字訓《じゅくじくん》」と呼んでいます。

さて、もともとは中国語だった「キシツ」の意味を翻訳すると「かたぎ」になるわけですから、「気質」を「キシツ」と読んでも「かたぎ」と読んでも、意味は変わりません。

ただし、音読みのことばはもともとは中国語からの外来語で、熟字訓は元からの日本語です。そのため、この二つではことばの持つ〝肌触り〟が異なります。音読みのことばは、元からの日本語と比較するとやや異質で、硬い雰囲気になるのです。

それは、オフィシャルな場面に適しています。そこで、「気質《キシツ》」は、心理学などの学術用語として使われたり、それほど専門的ではなくても、だれかの言動や性格をきちんと分析したりする場面で用いられます。

一方の「気質《かたぎ》」は、日常的でくだけた雰囲気。「職人気質」とか「芸術家気質」のように、ある人の言動の特徴を大まかに指し示す場合に、よく使われます。

なお、熟字訓に限らず、ふつうの訓読みの場合も、事情は同じです。たとえば「市場」を「シジョウ」と音読みするとオフィシャルな雰囲気になり、「いちば」と訓読みすると日常的な雰囲気になります。

ここがツボ！

漢字の熟語は、音読みで読むとオフィシャルで硬い雰囲気となり、訓読みすると、日常的でくだけた雰囲気となることに注意すべし。

21

「薔薇《ばら》」は、「薔」を「ば」、「薇」を「ら」と読んでいいの?

むずかしい漢字熟語の代表格として、よく取り上げられる「薔薇」。たしかに、書けるとちょっと自慢したくなりますよね。

ただ、この熟語、漢和辞典で調べていただくとおわかりになるように、音読みでは「ショウビ」とか「ソウビ」と読みます。つまり、「ばら」と読むのは訓読みだということになります。

だとすると、「薔」を「ば」と訓読みし、「薇」を「ら」と訓読みしていることになりそうなものですよね。

しかし、訓読みとは、それぞれの漢字の意味を日本語で表したもの。「ば」と「ら」が単独の日本語として何らかの意味を表していて、それがむすびついて花の名前になるというのも、どうもありそうにないお話です。

実は、「ばら」は、もともとは「いばら」から変化したことば。そういえば、「いばらの道」には、トゲトゲがいっぱい生えていますよね。

ということは、「ばら」が、トゲがあるけど美しい花を咲かせる植物を指す、日本語のひとまとまりの単語であることには、まちがいはありません。

一方、音読みで「ショウビ」「ソウビ」と読む「薔薇」は、中国語の単語として、やはり、トゲがあるけれど美しい花を咲かせる植物を表しています。それを日本語に翻訳すると、「ばら」になる。そこで、「薔薇」という二文字をまとめて「ばら」と訓読みするのです。

このように、漢字の世界では、二文字以上の熟語をまとめて一つの日本語に翻訳して訓読みするものもあります。その場合は、読み方を一つ一つの漢字に対応させて分解するのは、意味がないのです。

このような熟語のことを、専門的には「熟字訓《じゅくじくん》」といいます。この場合の「熟字」とは、「熟語」と同じ意味。「蜻蛉《とんぼ》」「掏摸《すり》」「眩暈《めまい》」などなど、難読漢字と呼ばれるものには、熟字訓がたくさん含まれています。

これらは、もともとは中国語の熟語ですから、音読みしても指すものは変わりません。音読みでは、それぞれ「セイレイ」「トウボ」「ゲンウン」と読みます。

その一方で、「かわせ」と読む「為替」や、「さみだれ」と読む「五月雨」などは、中国語の単語の中には見当たりません。これらは、日本人が、日本語の単語を中国語風に書き表した、いわば〝逆熟字訓〟なのです。

とはいえ、〝逆熟字訓〟だって、漢字が二文字以上まとまって日本語の単語と対応している点には、変わりはなし。そこで、〝逆熟字訓〟も「熟字訓」の中に含めてしまうのが、一般的です。

なお、似たような難読漢字でも、「檸檬《レモン》」や「膃肭臍《オットセイ》」は音読みなので、一文字ごとに分解して読むことができます。

ここがツボ！

難読漢字の中には、漢字二文字以上をまとめて一つの日本語として訓読みする「熟字訓《じゅくじくん》」が多いことに気をつけるべし。

22 「送る」と「贈る」を正しく使い分けるには？

英語には、「お湯」に相当する単語はないので、hot water と表現するしかない。

――そんな話を、聞いたことはありませんか？

日本語では、〝熱い水〟をふつうの〝水〟と区別して「お湯」という別の単語で表現するのに、英語では、単語レベルではこの二つを区別しないのです。言語によってものごとの区別のしかたが異なることを表す、わかりやすい例です。

漢字でも、似たような現象が生じます。漢字はもともとは中国語なので、日本語とはものごとの区別のしかたが異なるからです。

「送」と「贈」は、中国語としては別の単語です。しかし、その意味を簡潔な日本語に翻訳すると、どちらも「おくる」になってしまいます。そこで、どちらも「おくる」と訓読みすることになり、使い分けの問題が生じるのです。

このような漢字の組み合わせは、〝訓読みが同じなのに漢字は異なる〟という意味で、

「同訓異字《どうくんいじ》」と呼ばれています。

同訓異字の使い分けを考える際には、それぞれの漢字の意味を突き詰めて理解する必要があります。訓読みでは説明しきれていない、中国語だったときから持っている意味を明らかにするのです。

そのための代表的な方法は、二つあります。一つ目は、音読みの熟語を考えること。音読みとは本来は中国語の発音。そのため、音読みの熟語には中国語本来の意味が反映されていることが多いのです。

もう一つの方法は、部首や漢字の成り立ちから、本来の意味を考えること。「送」と「贈」の場合は、こちらの方法から考えるのが有効です。

「送」の部首は「⻌(しんにょう、しんにゅう)」。この部首は、「進」「退」「速」「遅」など、〝移動〟を表します。そこで、「送」も〝ものの移動〟に重点があります。「運送」「輸送」などが、わかりやすい熟語の例。「放送」のように、形のないものが移動することもあります。

一方、「贈」の部首は「貝(かいへん)」。「財」「販」「買」「購」などにも見られ、〝金銭的な価値があるもの〟を指すのが、部首としての役割です。そこで「贈」も、「贈呈」「贈与」「寄贈」など、〝価値があるもの〟に関して使われることになります。

つまり、日本語で「おくる」を漢字で書き表す場合、〝ものの移動〟に重点がある場合は「送」を使い、「おくる」ものが特に〝価値があるもの〟であることに重点がある場合には「贈」を用いればいいわけです。

たとえば、「書類を送る」「荷物を送る」に対して、「婚約指輪を贈る」「名誉会長の称号を贈る」といった具合。お祝いの場合はふつうは「贈」ですが、「卒業祝いを書留で送る」のように〝移動〟の手段と結びついている場合には、「送」を使う方が落ち着くでしょう。

ここがツボ!

訓読みが同じ「同訓《どうくん》異字《いじ》」では、音読みの熟語や部首などからそれぞれの漢字の意味を考えて、使い分けを考えるべし。

23

「天」の上の横棒を短く書いたら、間違いになる？

「天」という漢字を、いくつかのフォントで見てみましょう。

図の右側の列が、その例。明朝体でも、ゴシック体でも、上の横棒が、その下の横棒よりも長いですよね。教科書体は手書きに近くなるようにデザインされたフォントですが、それでも、横棒の長さのバランスは同じです。

これらを見る限りでは、「天」の上の横棒は長く書かないといけないように思われます。

しかし、図の左側の列を見てください。一番上は、四世紀の中国の王羲之《おうぎし》が書いたと伝わる「天」。真ん中の「天」を書いたのは、八〜九世紀の日本の弘法大師空海。二人とも、超有名な書家ですよねえ。そして、どちらも、上の横棒が短いですよね！

このように、書道の世界では、伝統的に、「天」の上の横棒は短く書くのが主流だったようなのです。

ただ、くずし字になると事情は違ってきます。図の左側の列の一番下は、七世紀ごろの中国の書家、孫過庭《そんかてい》が書いた「天」。このように、流暢にくずして書く場合には、上の横棒が長くなる方が、一般的なのです。

明朝体をはじめとするフォントで上の横棒を長くするのは、この影響を受けたものでしょうか。中国で一八世紀に作られた『康熙字典《こうきじてん》』という権威ある辞書でそうなっているので、日本のフォントは、それを踏襲しています。

とはいえ、当の中国のフォントでは、上の横棒が短いものも見受けられます。

以上から言えることは、「天」の横棒の長さのバランスは、絶対的なものではない、ということです。〝どちらが美しく整って見えるか〟という意識によって変化するものであって、〝正しい〟とか〝間違い〟とかいえるものではないのです。

漢字の中には、「土」と「士」だとか、「未」と「末」のように、長さのバランスを変えると別の漢字になってしまう組み合わせもあります。こういう場合には、長さのバランスをきちんと守ることは、とても大切です。
しかし、そうでない場合は、厳密に考えすぎるとかえって窮屈になります。文字とは、多くの人が日常生活で使うもの。〝間違い〟にならない範囲で自由を認める方が、より多くの人に受け入れられやすいでしょう。
「天」の場合は、むしろ、「夫」と間違えられないように、縦線を上に突き出さないようにすることの方が、重要だと思われます。

ここがツボ！

漢字の線の「長い」「短い」は、整った漢字を書くためのもの。ほかの漢字とまぎらわしくならない限り、自由に書いても〝間違い〟ではないと心得よ。

24

「樽」「噂」の右半分を「尊」と書いたらダメなの？

昔は、「尊」の頭の部分は、「八」のように書くのが〝正式〟でした。

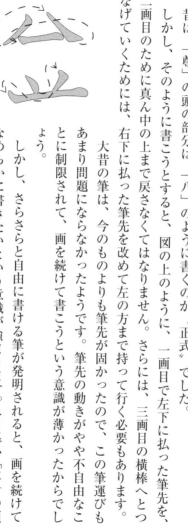

しかし、そのように書こうとすると、図の上のように、一画目で左下に払った筆先を、二画目のために真ん中の上まで戻さなくてはなりません。さらには、三画目の横棒へとつなげていくためには、右下に払った筆先を改めて左の方まで持って行く必要もあります。

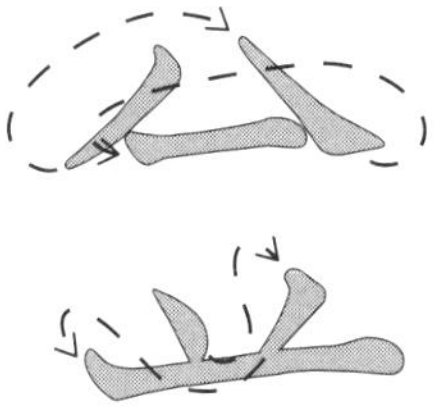

大昔の筆は、今のものよりも筆先が固かったので、この筆運びもあまり問題にならなかったようです。筆先の動きがやや不自由なことに制限されて、画を続けて書こうという意識が薄かったからでしょう。

しかし、さらさらと自由に書ける筆が発明されると、画を続けてなめらかに書きたいという意識が強まります。そこで、「尊」の頭の部分も、「八」の字型ではなく「ソ」の字型で書く人が多くなりました。

こうすれば、前ページの図の下のように、一画目で右斜め下に向けて動かしたその勢いで筆先を右上の端へ持って行って、二画目を始められます。そして、二画目から三画目へもつなげやすいのです。

とはいえ、これは、手書きをする場合のお話。印刷の場合は、実際に筆を動かすわけではありませんから、〝正式〟な「八」の字型のままでも、支障はありません。その結果、手書きと印刷とで、字の形に違いが生じることになりました。

その状態が解消されたのは、第二次世界大戦後のこと。当時の国語審議会が、いわゆる「新字体」を定める中で、印刷の場合でも手書きと同じ形にすることにしたのです。「尊」も新字体の一つなのです。

つまり、現在では、「ソ」の字型で書くのが〝正式〟な形。「八」の字型で書くのは昔の〝正式〟な形、いわゆる「旧字体」だということになります。

ところが、「樽《たる》」や「噂《うわさ》」については、新字体は制定されませんでした。むずかしい漢字なのでかな書きにする方がよい、と判断されたからです。

しかし、これらの漢字も、手書きでは昔からよく、「尊」と同じように「ソ」の字型で書かれていたのです。手書きの形と印刷の形に違いがあったのに、それは放っておかれたのでした。

現在の印刷文字で、「尊」と「樽」「噂」の形に統一性がないのは、以上のような理由によるものです。ただし、これはあくまで印刷の場合のお話で、手書きとは別問題です。

手書きの場合は、「樽」も「噂」も、昔から「ソ」の字型で書く方がむしろ主流でしたから、今でもそう書いて、何の問題もありません。その一方で、印刷文字の形に合わせて書くのだって、もともと〝正式〟な形。文句を言われる筋合いはないのです。

ここがツボ！

手書きの漢字では、筆運びのしやすさから、昔から印刷の漢字とは異なる形で書く習慣があったものもあることを知っておくべし。

25

画数は五に見える「比」が、辞書で四画に載っているのは？

中国で、書籍の印刷が盛んに行われるようになったのは、だいたい一〇世紀ごろからのことです。当時の印刷は、ページをまるごと木の板に彫り、墨を塗って紙に押す、版画のような方法でした。

やがて、書籍を買う人が多くなって大量の印刷が行われるようになると、板に漢字を彫る方法にも、効率が求められるようになります。と同時に、読みやすく、なおかつ筆文字の風格を思い起こさせるような、独自の漢字の形が工夫されていきました。

その結果として生まれてきたのが、「明朝体《みんちょうたい》」と呼ばれる書体です。

明朝体では、縦線は太く垂直に、横線は細く水平に、斜めの線は微妙なカーブを描いて引かれています。そして、筆書きを再現するように、払った先は細く、力を込めて押さえるところは太くデザインされています。

明朝体は、その美しさと安定感とから、代表的な印刷文字となりました。そして、近代になってヨーロッパから活版印刷術が伝わった後も、印刷文字の基本として、使われ続けているのです。

以上のように、印刷文字としての漢字には、すでに約一〇〇〇年の歴史があり、その間、手書きの漢字とは別の発展を遂げてきました。そのため、その代表格の明朝体にも、手書きとは異なる特徴が生じています。

さて、「比」は、もともとは、カタカナの「ヒ」のような形を二つ並べて書いて、〝二つのものをくらべる〟ことを表す漢字です。そこで、手書きでは図の右上のように書かれ、画数は四画となります。

しかし、明朝体では、左下の部分が、図の右側の下の〇を付けた部分のようにデザインされています。そのため、見た目通りに画数を数えると、五画になってしまうのです。

これは、まっすぐ下に引かれてきた筆が右上にはね上がる瞬間、筆先にかかる力の〝ため〟を表現したものです。

図の左側に示した、「糸」や「区」などの明朝体でも、

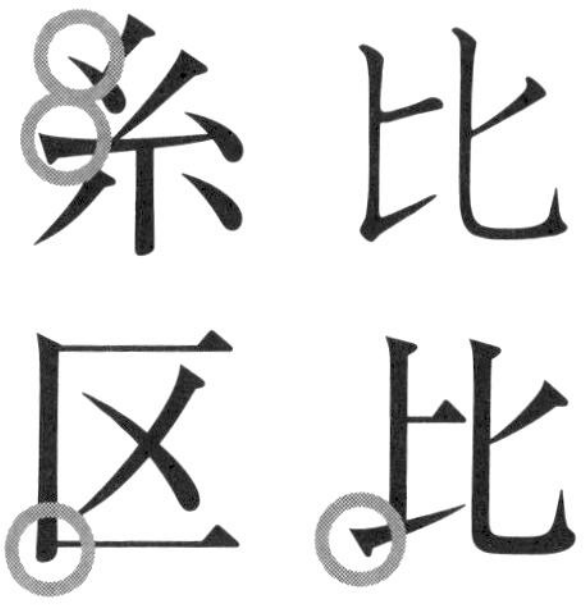

線を折り曲げる際、まるでそこで画を切って書き直しているかのように、突き出してデザインされている例が見られます。これらは、明朝体独特のデザイン。手書きにそのまま応用してはいけません。

手書きの漢字の形と、明朝体の漢字の形とは、厳密には一致しないのです。

そのため、小学校の教科書では、子どもたちへの学習上の配慮として、手書きの形にできる限り近づけてデザインされた「教科書体」という書体を使っています。

漢和辞典でも、明朝体の見出し字のほかに、筆順を示す欄などで教科書体を示しているのが一般的です。手書きの際には、そちらの形を参考にしてください。

ここがツボ！

手書きの漢字の形と印刷用の明朝体の漢字の形は、厳密には一致しないことがある。別ものだと考える方がよいと知るべし。

26

「わたなべ」さんの「べ（なべ）」という字は、いったい何種類ある？

「わたなべ」さんという姓の一般的な書き方は、「渡辺」か「渡部」でしょう。このうち、「辺」は、いわゆる「新字体」です。「旧字体」では、「邊」と書きます。

新字体とは、第二次世界大戦後に正式な字体として採用された、それまで正式だったものより簡単に書ける漢字のこと。逆に、それまで正式だった漢字の方を、旧字体と呼んでいます。

つまり、「邊」は画数が多いので、「辺」と書かれるようになった、という次第。そして、この「邊」は、バリエーションが多い漢字として知られています。

まず、「辶（二点しんにょう）」と「辶（一点しんにょう）」の違いがあります。次に、「自」の部分が、「白」になったり、「自」の一番下の横線がなくなった、「自」という形になったりします。

さらに、「穴」の部分には、「穴」の形で三種類、さらに、「宀」が「冖」になって同様

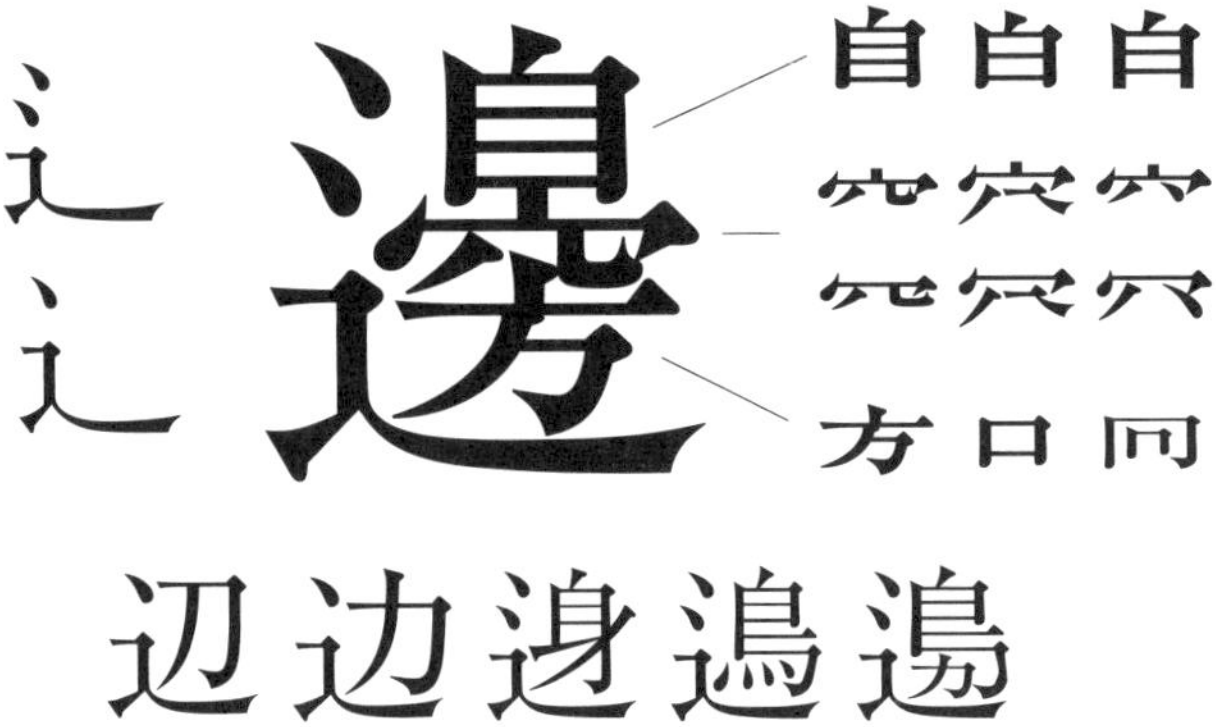

に三種類、合計六種類の形があります。ただし、「自」の場合には、「穴」を書くのは不自然ですから、「冖」の系統の三種類しかありません。

　最後に、「方」の部分が「口」になったり、「冂」を二つ重ねたような形になったりもします。

　これらを掛け合わせると、「自」と「白」のバージョンは、それぞれ2×6×3＝36ずつで、合わせて72。「自」は2×3×3＝18ですから、合計で90のバリエーションが、理論的には存在するわけです。

　ところで、新字体の「辺」は、旧字体の「邊」から「方」の下半分だけを取り出して、それに「⻍」を組み合わせた形が変化したものかと思われます。その証拠に、似たような略字として、「力」に「⻍」を書く字もあります。

　また、「邊」をくずした形から生まれたのでしょう、

「辶」に「身」を書いたり「鳥」を書いたり、「鳥」の「灬」の部分を「力」にしたりと、ほかにもさまざまな漢字の存在が知られています。

これらはすべて、「辺／邊」と、読み方も意味も同じです。このように、読み方も意味も同じだけれど形が異なる漢字のことを、漢字の世界では「異体字《いたいじ》」と呼んでいます。

実は、「辺／邊」の異体字には、ここにご紹介した以外にも、細かいバリエーションがあります。一説によれば、それらをすべて数えると、一五〇以上にもなるそうです。

ここがツボ！

読み方も意味も同じで形だけが違う「異体字《いたいじ》」は、細かく見ていくと、きりがないほど存在すると心得るべし。

27

坂本「龍馬」は「竜馬」と書いてもいいの？

アルファベットやひらがな、カタカナに比べて、漢字は画数が多くて、書くのも覚えるのもむずかしい。だから、画数を減らして少しでも簡単にするべきだ！

そんな主張のもと、第二次世界大戦後の日本語に導入されたのが、いわゆる「新字体」。現在では、批判されることの多い政策です。

その批判の論拠の一つは、新字体で育った世代は、昔の「旧字体」で書かれた文章が読めなくなる、というもの。伝統文化の継承という観点からは、たしかに大問題です。

とはいえ、「亀」の旧字体は「龜」だとか、「庁」の旧字体は「廳」だといったことを知ると、昔の人たちは漢字を書くのに苦労したろうなあ、と思わずにはいられません。痛しかゆしといったところでしょうか。

さて、「竜」は旧字体では「龍」と書くということは、ご存じの方も多いでしょう。坂本龍馬さんはもちろん第二次世界大戦以前の人ですから、旧字体の「龍」を使っていたはず。ここは、「坂本龍馬」と書き表しておきたいところです。

とはいえ、この考え方にも、反論がまったくできないわけではありません。

極端な話をすれば、紀元前の中国には、現代の私たちが使っているような「楷書《かいしょ》」と呼ばれる漢字の書き方はまだ存在せず、古代文字を使っていました。とすれば、そのころの人名を書き表す場合には、古代文字を使わないといけないのでしょうか？

そんなわけはありませんよね。

そういう〝時代の変化〟に関する議論とは別に、「龍」の方が〝正しい〟漢字で、「竜」はそれを略した〝間違い〟の漢字なのだ、という主張もあります。

たしかに、紀元前三世紀ごろに使われていた古代文字の一種、「篆書《てんしょ》」では、この漢字

は図の上側のような形をしています。これを見ると、旧字体の「龍」の方が〝正しい〟ように思えますね。

でも、もっと以前、紀元前一一〇〇年ごろに使われていた古代文字の一種、「金文《きんぶん》」のこの漢字は、図の下側のような形。新字体の「竜」は、実はこの形を受け継ぐもの。旧字体よりも歴史は古いのです。

三三〇〇年にも及ぶ長い歴史の中で、漢字はさまざまな形で書かれてきました。旧字体から新字体への変化も、その一つ。どちらかが〝正しい〟漢字でどちらかが〝間違い〟だといったものではないのです。

私だって、「坂本龍馬」と書いておきたいという気持ちはあります。でも、だからといって、「坂本竜馬」と書くのを〝間違い〟だとは、決めつけられないのです。

ここがツボ!

新字体と旧字体は、同じ漢字だが書き表し方が違うもの。どちらかが〝間違い〟というわけではない点に注意せよ。

28

印鑑に使われている、やけに読みにくい漢字の正体は？

現時点で確認されている、最も古い漢字の祖先は、紀元前一三〇〇年ごろに使われていた文字です。これは、亀の甲羅や動物の骨に刻みつけて書かれていたので、「甲骨文字《こうこつもじ》」と呼ばれています。

それからしばらくして、紀元前一一〇〇年ごろになると、「金文《きんぶん》」と呼ばれる文字が現れます。この場合の「金」とは、金属のこと。当時、よく使われていた青銅の器に彫り込まれていることが多いので、この名があります。

その後、紀元前九世紀ごろからの中国は、多くの国に分かれて争う時代となりました。このため、漢字もそれぞれの国で独自に発展しました。同じ漢字でも国が違えば書き方が異なり、お互いに読めなくなるような事態も、生じていたようです。

それを統一したのが、秦《しん》の始皇帝《しこうてい》でした。

ほかの国々を滅ぼした始皇帝は、紀元前二二一年に、史上初の統一王朝、秦を開きまし

た。そして、中国全土を効率よく支配するための政策を、次々と打ち出しました。

その一つが、文字の統一だったのです。このときに制定された漢字の書き方のことを、「篆書《てんしょ》」と呼んでいます。

図の右側の列は、篆書の「大器晩成」です。このように、篆書は縦長に書かれ、全体が曲線によって構成されているのが特徴です。

曲線の多い篆書は、見た目には豪勢なのですが、スピーディに書くには適さないという欠点がありました。そこで、事務的に文書を扱う官僚の間で、もう少し能率的に書ける書体が工夫されることになりました。

それが「隷書《れいしょ》」で、図の左側のような形。篆書とは違って横長に書かれ、曲線もかなり減っていますが、横画が少し波打っているという特徴があります。

この隷書をさらに書きやすくして、現在、私たちがふつうに使っている「楷書《かいしょ》」が誕生することになります。

さて、篆書は威厳ある形をしているので、隷書や楷書が使われるようになってからも、儀礼的な場面ではよく用いられています。その代表的な例が、印章の世界です。

現在でも、実印や公印といった、重々しい雰囲気が好まれるハンコでは、篆書がよく使われます。こういったハンコの場合、丸や四角の中に美しく収めるためにさらにデザイン化されて、楷書しか知らない私たちには、かなり読みにくい漢字となっています。

しかし、これも漢字三三〇〇年の歴史の一コマを伝えるもの。ありがたく受け止めてください！

ここがツボ！

実印や公印では、紀元前三世紀の終わりごろに定められた「篆書《てんしょ》」が、現在でもよく用いられていると知るべし。

29 漢字はみんな「魚」や「鳥」のように絵から生まれたの？

何かのものを表したい場合にその絵を書いてみることは、それほど特別な発想ではありません。その絵が多くの人に共有され始めると、それが文字の誕生となります。

このように、絵がそのまま文字になることを、「象形《しょうけい》」と言います。この場合の「象」とは、〃ものの形を写し取る〃という意味。現在では、「イ（にんべん）」を付けた「像」の方に、その意味合いがよく残っています。

漢字も、その出発点は象形文字でした。図は、古代文字を並べたもの。上の段から、紀元前一三〇〇年ごろに使われていた「甲骨文字《こうこつもじ》」、紀元前一一〇〇年ごろの「金文《きんぶん》」、紀元前二〇〇年ごろの「篆書《てんしょ》」です。

このうち、「魚」と「鳥」は、現在の形を見ても、〃さかな〃や〃とり〃の絵であることが想像できます。同じような例としては、「日」「月」「木」などが、挙げられます。

また、「牛」「羊」のように、かなりデフォルメされた絵から生まれた古代文字もありま

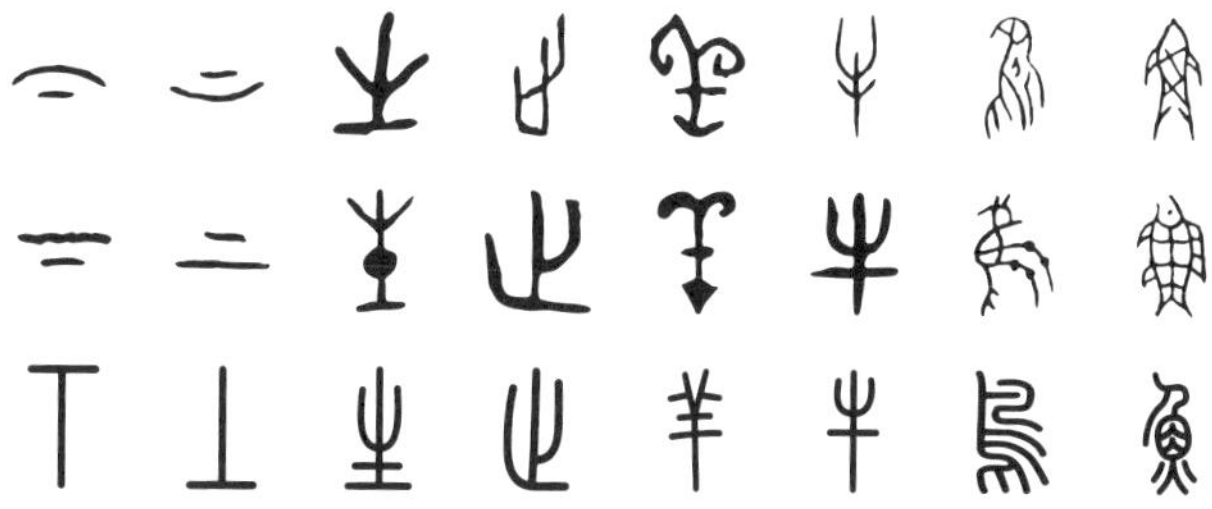

す。とはいえ、それぞれの動物の特徴は、よく出ていますよね。
「止」は、〝足あと〟の絵。「生」は、〝地上に出たばかりの植物の芽〟の絵。これらのように、現在では絵が表すものからだいぶ変化した意味で使われていて、ちょっと見ただけでは何の絵だったのか想像しにくい漢字も、たくさんあります。

最後に、「上」と「下」は、ちょっと特殊な例。それぞれ、横線の〝うえ〟や〝した〟に印を付けて、その意味を表しています。似たような例としては、「木」の〝もと〟の方に印を付けた「本」や、〝先っぽ〟の方に印を付けた「末」のような漢字もあります。

これらのように、直接的に絵にするのはむずかしいことがらを、印を用いて表現して漢字を生み出すことを、「指事《しじ》」と呼んでいます。

指事とは、〝ことがらを指し示す〟という意味。これもまた、広い意味で〝絵がそのまま文字になっている漢字〟に含めることができるでしょう。
ただ、象形や指事という方法だけで造られた漢字は、実は、そう多くはありません。一万字ほどを収録する漢和辞典を例に挙げれば、その数は四〇〇〜五〇〇といった程度でしょう。
それ以外のほとんどの漢字は、象形や指事の方法で作られた漢字を、二つ以上組み合わせてできあがっているのです。

ここがツボ！

絵がそのまま文字になる「象形《しょうけい》」という方法で作られた漢字は、意外と少ないと知っておくべし。

30 ほとんどの漢字の成り立ちに出てくる「形声」って、いったい何？

「目」の上に「手」をかざして、〝注意深く見る〟ことを表す「看」という漢字を造る。あるいは、〝建物〟を表す「宀（うかんむり）」の下に「女」を書いて、〝建物の中で女性が落ち着いている〟ことを意味する「安」という漢字を造り出す……。

こういうふうに、二つの漢字を組み合わせて、その意味の掛け合わせによって新しい意味を持つ漢字を生み出すことを、「会意《かいい》」と言います。この場合の「会」は「合」とほぼ同じ。会意とは、〝意味を組み合わせる〟ということです。

漢字は、一文字ずつが固有の意味を持つ「表意文字」ですから、私たちは、漢字を見ると、その部分部分の〝意味〟を組み合わせて、その漢字の成り立ちを理解したくなります。どの漢字も、会意という方法でできているような気がするのです。

となれば、「門」と「耳」を組み合わせた「聞」だって、本来は〝門の前で聞き耳を立てる〟という意味だった、と考えたくなるというものです。

しかし、実際には、そうではありません。会意という方法で造られた漢字は、実はそれほど多くはないのです。

「聞」の場合、「耳」が〝みみ〟を表していることは、間違いありません。しかし「門」には、深い意味はありません。これは、発音を表す記号なのです。

大昔の中国語には、〝きく〟という意味を持つ「モン」ということばがありました。一方、「門」という漢字で書き表される、〝扉の付いた出入り口〟を指す「モン」ということばもありました。この二つは、たまたま発音が同じだったのです。

そこで、当時の人々は、〝きく〟という意味の「モン」を書き表す際に、「門」を当て字のように使うことにしました。しかし、それだけだと〝出入り口〟と間違えそうなので、〝みみ〟に関係ある方の「モン」だから、「耳」を付け加えることにしたのです。

話をわかりやすくするために発音を「モン」としましたが、大昔の中国語ですから、実際の発音は異なります。でも、現在の私たちの音読みでも、「聴聞《チョウモン》」のように「聞」を「モン」と読むことがありますよね。

このように、「聞」という漢字では、「門」は発音を表す記号です。それに対して、「耳」は、その漢字の意味がどんなことに関係があるかという、いわば意味の〝ジャンル〟を示しています。

このような漢字の造り方を、「形声《けいせい》」と言います。この方法は、とても便利です。だって、新しい漢字が必要になったら、ただ発音が同じ漢字を持ってきて、〝ジャンル〟を示す漢字を付け加えればいいのですから。

この簡単な方法によって、多数の漢字が生み出されることとなりました。現在、私たちが使っている漢字の八割以上は、形声という方法で造られているのです。

ここがツボ！

漢字の大半は、発音を表す漢字に、意味の〝ジャンル〟を表す漢字を組み合わせる「形声《けいせい》」という方法で作られたものだと心得よ。

31

「漢字数が多い部首」のトップ10から何がわかる？

部首の立て方には、漢和辞典によって多少の違いがあります。その基準になっているのは、中国で一八世紀の初めに作られた、『康熙字典《こうきじてん》』の二一四の部首。そこで、ここではこの部首立てに従って、漢字の数を数えてみることにしましょう。

ただ、『康熙字典』では、たとえば「氵（さんずい）」の漢字も部首としては「水」。古代文字で「氵」は「水」と同じ形をしているので、部首の上でもまとめてあるのです。同様に、「艹（くさかんむり）」は「艸（くさ）」という部首になっていたり、「扌（てへん）」は「手」の中にまとめられていたりしますから、注意が必要です。

さて、現在では、『康熙字典』よりも多くの漢字を収めた辞書がいくつかあります。ここでは、中国のサイト、『漢典』（http://www.zdic.net/）の漢字辞書を対象にしてみます。二〇一七年一月現在で、このサイトで『康熙字典』の部首に従って検索することができるのは、私の数えたところでは七万四五八三字。その漢字数が多いもののトップ10は、表

1	艸（艹）	3128 字
2	水（氵）	2779 字
3	木	2657 字
4	口	2612 字
5	手（扌）	2138 字
6	金	2001 字
7	心（忄）	1869 字
8	人（亻）	1569 字
9	火（灬）	1569 字
10	虫	1561 字

の通りとなりました。

一位の「艸（艹）」と三位の「木」は、どちらも植物を表す部首。植物に関係する部首としては、ほかに「竹（たけかんむり）」も、一二位にランクされています。これに対して、動物を表す部首は一〇位に「虫」が入ったのがやっとのところ。以下、一六位に「鳥」、一九位に「魚」、二八位に「馬」、三〇位に「犬（犭）」と続きます。

人間に関する部首では、「心（忄）」が七位にランクインしているのが、見逃せません。漢字の世界でも、人の心は重大な関心事のようです。

ここがツボ！

「艹（くさかんむり）」や「氵（さんずい）」「扌（てへん）」などは、漢和辞典では「艸《くさ》」「水」「手」などと一緒にされていることに、気をつけよ。

32

「灬」の正式名称は、「れんが」？ それとも「れっか」？

「熱」「照」「煮」「焦」。これらの部首「灬」は、古代文字に戻るとみんな「火」と同じ形をしています。つまり、「灬」は〝火〟を表す部首。そう言われてみれば、ここに挙げた四つの漢字、みんな〝火〟に関係する意味を持っていますよね。

そこでこの部首、点が四つ連なって〝火〟を表すことから、「連火《れんが》」と呼ばれています。また、「烈」という漢字に含まれているところから、「烈火《れっか》」という名前もあります。

それだけではありません。点が四つということを端的にとらえて「四つ点」と呼ぶ人もいます。さらには、漢字の下の部分に現れる〝火〟だというわけで、「下火《したび》」と呼ばれることもあります。

こういった部首の名称は、自然発生的に生まれてきたもので、だれかが決めたものではありません。文部科学省が決めてくれたという話も聞きませんから、どれが〝正式〟ということはないのです。

このように、名前がいくつもある部首は、少なくありません。

たとえば、「攻」や「教」などに見られる「攵」。「ボク」と音読みする漢字「攴」が変化したものなので「ぼくづくり」と言ったり、「文」に「ノ」が付いたような形だから「のぶん」と呼んだりします。

「酔」「配」などの部首「酉」には、「とりへん」とか「ひよみのとり」といった呼び名があります。どちらも、十二支の「酉《とり》」に由来するもの。「ひよみ」とは、「こよみ」のこと。さらには、「酒」の「つくり」だから「さけづくり」と呼ぶ人もいます。

また、「辶」は、「しんにょう」とも「しんにゅう」とも言います。ただし、漢字の左側から下側を取り巻く部首を指して「にょう」と言いますので、この場合は「しんにょう」の方が〝正式名称〟に近いでしょう。


ここがツボ！

部首の名前は、自然発生して習慣として定着したもの。複数の呼び名がある部首も多いと心得るべし。

33

「一点しんにょう」と「二点しんにょう」は、何が違うの？

「しんにょう」の画数は何画ですか？

そう聞かれたら、ふつうの人は「三画です」と答えるでしょう。最初に点を打ち、次に下の方へ線を延ばし、最後に右へ払っていく。そんなふうにして、「辶」という形を書いているはずです。

ただ、中には四画になる場合もあります。それがいわゆる「二点しんにょう」で、点が一つ増えて「辶」の形になるのです。

ところが、漢和辞典を見てみると、画数順に部首が並んでいる中で、「しんにょう」はふつう、七画のところに載せられています。しかも、「辵」という、見慣れない形をして掲載されていることでしょう。

「辵」とは、「彳（ぎょうにんべん）」に「足」の下半分を組み合わせたもの。「彳」も「足」の下半分も〝移動する〟ことを表します。そこで、「辵」も、古代文字の時代には、〝移動〟

に関係する意味を表す漢字の部首として、使われていました。

ただ、「辵」は、かなり早い段階で、省略されて「辶」または「辶」と書かれるようになったのです。

この二つを比べると、「彳」に見られる二本の斜線が二つの点によく残されているという点で、「辶」の方が由緒正しいといえます。そこで、特に印刷文字としてはこちらが使われ、一点の「辶」は主に手書きで用いられる、というのが習慣となっていました。

それに変化が生じたのは、第二次世界大戦後のことです。当時の国語審議会は、印刷文字と手書きの文字の形を一致させよう、と考えていました。そこで、「しんにょう」は一点のものに統一されたのです。

ただ、当時は、むずかしい漢字は使わないようにしようという考え方が、強い力を持っていました。そのため、「一点しんにょう」に統一されたのは日常的に使う漢字だけでした。

それ以外の漢字は、いずれ使わなくなるというわけで、「二点しんにょう」のまま放置されたのです。

その結果、「進」「退」「通」「過」「遊」「速」「遅」などなどでは、「一点しんにょう」が使われるようになりました。一方で、「さかのぼる」と訓読みする「遡」や、「謙遜《けんそん》」の「遜」

などは、「二点しんにょう」のままとなったのです。

とはいえ、たとえば「邁進《まいしん》」や「逡巡《しゅんじゅん》」の場合に、「邁」「逡」は二点、「進」「巡」は一点でというのも、自然ではありません。そこで手書きの場合には、従来の習慣の通り、「遡」「遜」や「邁」「逡」でも、一点で書いてよいことになっています。

ただし、固有名詞で使われる「辻」などでは、どちらで書くか、こだわりを持つ方もいらっしゃいます。そういう場合を除き、しんにょうの点の数の違いにはとりたてて意味はないと考えて、大丈夫です。

ここがツボ！

現在では、日常的に使う漢字では「一点しんにょう」が、そうではない漢字では「二点しんにょう」が使われるのが基本だと、理解するべし。

34 「紐育《ニューヨーク》」「倫敦《ロンドン》」「巴里《パリ》」……外国の地名には、すべて漢字があるの？

「倫敦《ロンドン》」や「巴里《パリ》」をはじめとして、「紐育《ニューヨーク》」「伯林《ベルリン》」「英吉利《イギリス》」「仏蘭西《フランス》」「露西亜《ロシア》」などなど、外国の都市名や国名を表す漢字の当て字は、たくさんあります。

現在の私たちがこれらを目にすると、ちょっとレトロな雰囲気を感じます。しかし、昔の人がいつでもこういう当て字を使っていたかというと、そうでもありません。

実際、江戸時代に長崎のオランダ商館から海外の事情を聞き取ってまとめられた『オランダ風説書《ふうせつがき》』にも、外国の地名をカタカナで記してある例が多数、見受けられます。

外国の地名に漢字で当て字をするのは、考えるのもたいへんですし、書くのもたいへんです。カナ書きにする方が、実務的だったのでしょう。

ただ、明治維新のころまでに教育を受けた日本の知識人たちには、漢文で日記を付けたり、折々に漢詩を作ったりする習慣がありました。その場合、外国の固有名詞だって、漢字で書き表さないわけにはいきません。

外国地名の当て字がある程度広く使われた背景には、そんな事情もあったのだろうと推測されます。

というわけですから、当時の日本人も、すべての外国の地名に漢字の当て字をしていたわけではありません。また、同じ地名に対する当て字も、一種類に決まっていたわけでもないのです。

たとえば、ロンドンならば、「倫敦」のほかに、「竜動」「倫動」「論頓」「蘭敦」「英京」などといった書き表し方がされていたことが、知られています。パリならば、「巴里」以外にも、「巴黎」「巴利」「巴里斯」「波礼斯」などなどといった具合です。

こういった数多くの当て字の中から、人気のあるものが定着していったのです。

これらの中には、日本人が考え出した当て字だけではなく、当時の中国で使われていた当て字そのままのものも含まれています。実際、現代中国語でのロンドンは、日本語と同じ「倫敦」。パリになると日本語とは違って、「巴黎」と書き表しています。

ただ、中国語と日本語とで事情が異なるのは、中国語にはひらがなやカタカナのように音を表すだけの文字はない、ということ。つまり、外来語でもすべて漢字を使って当て字をしないと、書き表すことができないのです。

そこで、話を中国語にまで広げれば、外国の地名にもすべて、漢字の当て字があることになります。

たとえば、『ロミオとジュリエット』の舞台として有名なイタリアのヴェローナは「維羅納」。南米ペルーにある壮大なインカ帝国の遺跡、マチュピチュは「馬丘比丘」と当て字されています。

ここがツボ！

外国の地名は、昔からカタカナで書かれることも多かった。また、漢字の当て字が一種類に決まっていたわけでもないことを心得よ。

35
中国で使われている、あの見慣れない略字は何？

ヨーロッパで産業革命が始まったのは、一八世紀後半のこと。機械を用いた圧倒的な生産力と技術力は、一九世紀になると、中国や日本をも脅かすようになりました。

その結果、中国はアヘン戦争に敗れ、半植民地化されてしまいます。一方、日本は、黒船来航の衝撃をきっかけに、明治維新へと突き進むことになりました。

そういう状勢の中で、〝ヨーロッパの文明に対して、中国や日本はどこで遅れをとったのか？〟という問題が、真剣に議論されることになりました。そのとき、原因の一つとして注目されたのが、漢字だったのです。

ヨーロッパのことばを書き表すローマ字は、大文字と小文字を区別しても、わずか五〇文字程度。しかし、漢字は数千もあって、覚えるのも書くのもたいへんだ。その違いが、中国や日本の文明が発展しない一因となったのではないか……？

そんな理由で、漢字をやめてしまおう、と考える人もいました。そこまで行かなくても、漢字の数を減らして、勉強したり書いたりする際の負担を減らそうという主張は、少なからぬ人々の支持を得ていたのです。

そういう議論の中で、漢字の形を簡単にして、覚えたり書いたりするのをやさしくしようという意見も生じてきました。そこで、二〇世紀の半ばになると、中国でも日本でも、漢字の形の簡略化が実行されることになりました。

乐	楽	樂
卖	売	賣
战	戦	戰

ただし、そのころの日本と中国は、不幸な関係にありました。約一〇年にも及ぶ泥沼のような日中戦争を経て、日本は第二次世界大戦に敗れ、連合国に占領されていました。中国は戦争には勝ったものの、続いて内戦を経験しなければなりませんでした。

このために正式な外交関係を持っていなかった両国が、それぞれ別個に簡略な漢字を定めたのも、当然の成り行きだったといえましょう。

日本で簡略な字体の採用が決まったのは、主に一九四六（昭和21）年から四八（昭和23）年にかけてのこと。それらの簡略字体のことを「新字体」と呼んでいます。

一方、内戦の結果として成立した中華人民共和国で、簡略な字体を用いるように定められたのは、一九五〇年代以降のこと。こちらは、「簡化字《かんかじ》」とか「簡体字《かんたいじ》」と呼ばれています。

前ページの図に、いくつかの旧字体と新字体、そして簡化字を並べてみました。日本の新字体に比べると、中国の簡化字は略し方がかなりドラスティックです。そのため、私たちにとって見慣れない気がするのは、致し方のないところでしょう。

なお、当時、中華人民共和国の支配下にはなかった香港と台湾では、昔ながらの漢字がそのまま使われています。

ここがツボ!

二〇世紀の半ばに、中国と日本とで別々に、漢字の形が簡略化されたことを知っておくべし。

Step 3

応用編

漢字がもっとおもしろくなる20のツボ

36 最も長い読み方をする漢字とは？

漢字の音読みとは、もともとはその漢字の中国語の発音が、日本語風に変化したもの。一方、訓読みは、その漢字が表している意味を、日本語に翻訳したところから生まれたものです。

英語に置き換えて考えると、chairを「椅子《いす》」と訳すのは、訓読みに相当します。ただ、同じ椅子でも、肘掛けがあってゆったり座るのはsofaですし、肘掛けも背もたれもないものはstool、二人がけ以上のものはbenchです。

そこで、chairをより正確に訳すとなると、「一人用で背もたれのある椅子」とでもしなくてはなりません。もっときちんと説明するなら、さらに長くなることでしょう。

漢字の訓読みにも、これと似たようなところがあります。

たとえば、〝杯に入った酒を少しずつ飲み尽くす〟ことを表す「釂《ショウ》」という漢字があります。

これに、ある漢和辞典では「のみほす」という「訓」を付けて、「音訓索引」に載せています。この漢字の意味の説明として間違いではありませんが、十分でもありません。

そこで、ちょっと古い別の漢和辞典では、もう少し詳しく、「さかずきのさけをつくす」という「訓」を付けて、「字訓索引」に載せています。こちらの方が、意味の説明としてはよりふさわしいですよね。

しかし、これは、chair を「一人用で背もたれのある椅子」と説明しているようなもの。漢字の意味を説明しているという点では訓読みの定義にかなっていますが、現実に使われる〝読み方〟だとは、とうていいえないでしょう。

つまり、ある漢字の意味をきちんと説明していても、それが〝読み方〟として実際に使われるようにならないと、訓読みとは呼べないのです。漢和辞典の索引には、往々にして「訓読み」とは呼べない「訓」が混じっているので、注意が必要です。

さて、この点を踏まえて漢字の最も長い読み方を探すならば、それは、おそらくカナ書きで七文字、「糎」の訓読み「センチメートル」でしょう。

外来語が訓読みだなんておかしいと思われるかもしれませんが、これは「糎」という漢字の意味を説明した〝読み方〟。れっきとした訓読みです。

「センチメートル」の「センチ」とは、〝一〇〇分の一〟のこと。そこで、〝一リットルの一〇〇分の一〟を指す「センチリットル」ということばもあり、漢字では「竰」と書き表します。

さらに、〝一〇〇倍〟を意味する「ヘクト」を用いた「ヘクトメートル」「ヘクトリットル」という単位もあって、それぞれ漢字では「粨」「竡」と書きます。

これらも、読みの長さはどれも七文字。ただし、実際に使われるという点では、「糎」には遠く及ばないでしょう。

ここがツボ!

訓読みは、漢字の意味の説明が〝読み方〟として定着したもの。あまりにも長いものは〝読み方〟とはいえないと考えるべし。

37 そもそも、なぜ一つの漢字にたくさんの読み方が生まれるの？

「清」という漢字には、音読みが三つあります。すべて挙げられますか？

一つ目は、「清潔」「清純」「清廉」のように使われる「セイ」。もう一つは、「日清戦争」の「シン」。最後は、「ショウ」。これは、仏教の用語などで使われる音読みで、たとえば「清浄」を「ショウジョウ」と読むことがあります。

音読みとは、もともとは中国語の発音が変化したものです。ただ、中国語の発音は時代や地方によって違いがありますから、音読みにも違いが出てくるのです。

ところで、「清」には、訓読みもたくさんあります。最もよく使われるのは、「きよ（い）」「きよ（らか）」といった訓読み。これらは、「きよ（まる）」「きよ（める）」のように動詞として用いられることもあります。

また、「清《す》まし汁」では、「す（ます）」。これはいわゆる他動詞の形ですが、自動詞で「す（む）」と読むこともできます。

「清々《すがすが》しい」も、訓読みの一つ。この元になった「清《すが》しい」ということばも存在します。

また、「清か」と書いて「さや（か）」と読むこともできます。

さらに、「清水《しみず》」だとか、ダイコンの古い呼び名「清白《すずしろ》」のようなやや特殊な読み方も、訓読みに含めることができるでしょう。

このように、「清」にはさまざまな訓読みがありますが、どれも〝けがれがない〟〝不純物がない〟といった意味を表すという点では、共通しています。その意味をどんな日本語に置き換えるかによって、いくつもの訓読みが生まれ出ているのです。

訓読みとは、その漢字が表す意味を日本語で簡潔に説明したもの。意味さえ間違っていなければ、さまざまなバリエーションが可能なのです。無限にありえる可能性の中で、読み方として定着したものだけが、「訓読み」として認められるというわけです。

以上を念頭に置いた上で、最も読み方の種類が多い漢字を探すとすれば、それはおそらく「生」でしょう。

音読みは、「セイ」と「ショウ」の二つ。しかし、訓読みは、基本的なところだけでも、「い（きる）」「い（かす）」「う（む）」「う（まれる）」「は（える）」「は（やす）」そして「なま」があります。

ほかにも、「生ける屍《しかばね》」などというときの「い（ける）」もありますし、「生い立ち」では「お（う）」、「鈴生り」では「な（る）」と訓読みしています。

さらに、「芝《しば》生《ふ》」では「ふ」と読み、「生《き》真面目《まじめ》」では「き」と読んでいます。ここまでで、音訓合わせて合計一四種類！

加えて、「生憎《あいにく》」「弥生《やよい》」「晩生《おくて》」のように、特殊な読み方をする熟語もあります。それらまで含めたら、まったく、すごい数になりますねえ！

ここがツボ！

訓読みは翻訳だから、意味さえ間違っていなければ、さまざまな読み方が可能であることに気をつけるべし。

38

「意見を異にする」で「こと」、「異を唱える」で「い」と読むワケは？

音読みとは、もともとはその漢字の中国語の発音が変化したもの。訓読みとは、その漢字の意味を日本語で簡潔に説明したものです。

ですから、日本人にとって訓読みの方が意味がわかりやすいのは、当たり前のこと。そこで、二文字以上の熟語になっている場合はともかく、漢字が一文字だけで出て来た場合には、訓読みするのが原則です。

「異」の場合、訓読みは「こと（なる）」。「ことなる」とは〝違う〟という意味ですから、「意見を異《こと》にする」のように訓読みすると、〝意見が違っている〟という意味だと、すぐにわかりますよね！

ただ、この原則は、あくまで〝原則〟でしかありません。というのは、漢字の意味というのは、必ずしも日本語で簡潔に説明できるものではないからです。

たとえば、「徳」。この漢字の意味を日本語で説明しようとすると、「人間的にすぐれていること」といった風に、長くなってしまいます。訓読みとしてふさわしいような短いことばは、現在の日本語には存在しません。

となると、音読みのまま「トク」と読んでおくしかありません。そうやって使っているうちに、音読みのままでも意味が通じるようになっていった、というわけです。

「異を唱える」の場合も、同じこと。この場合の「異」の意味は、単なる〝違う〟ではありません。〝違う意見〟〝違う考え〟なのです。これを一言で表せるような日本語はありません。そこで、音読みで「イ」と読んで済ませておくしかないのです。

「縁は異なもの」も、似たような例。この場合の「異な」とは〝不思議な〟〝理解を超えた〟といった意味合い。これも一言ではうまく日本語にならないので、「イな」という、音読みを使った読み方をしています。

ここがツボ！

漢字一文字が単独で出て来た場合には、訓読みするのが原則。ただし、ふさわしい訓読みがない場合には、音読みすることも多い点に注意せよ。

39

「御」の正しい読み方を見分ける方法は？

「御」には、一般に使われるものだけでも、音読みで「ゴ」「ギョ」、訓読みで「お」「おん」「み」と合わせて五つの読み方があります。特に、ほかのことばの上に付けて「御○○」となる場合に、どれで読んだらいいのか、わからなくなりますよね。

「御」は、本来は、王や皇帝、天皇、神などに対する敬意を表すために使われる漢字です。その意味合いを色濃く残している場合には、「ギョ」「み」と読みます。

たとえば、「新宿御苑《ぎょえん》」は、もとは天皇家のお庭。「御製《ぎょせい》」とは、天皇が作った和歌。「御輿《みこし》」とは、神さまの乗りものですし、「神の御心《みこころ》」という表現もあります。

やがて、「御」は、王や皇帝、天皇、神さま以外についても使われるようになりました。それでも敬意が強く残っている場合には、「おん」と読みます。「厚く御礼《おんれい》申し上げます」「御社《おんしゃ》」「御曹司《おんぞうし》」といった具合です。

つまり、「ギョ」「み」「おん」は、敬意が強い場合の読み方。使われることばが限られ

ていますから、一つ一つ覚えても、さほどの負担ではありません。

問題は、「ゴ」と「お」。この二つは、それほど敬意が強いわけではない、いわゆる「丁寧語」。音読みのことばの前ならば音読みの「ゴ」を、訓読みのことばの前ならば訓読みの「お」を用いるのが原則です。

たとえば、「御卒業」「御健康」「御出席」「御入金」「御丁寧」などでは、みんな音読みの熟語の前に付いていますから、「ゴ」と読みます。一方、「御手紙」「御足元」「御目覚め」「御振り込み」「御悩み」など、訓読みのことばの前では「お」と読むことになります。

音読みとは、もともとは中国語の発音。訓読みとは、漢字の意味を日本語で簡潔に表現したもの。そこで、中国語は中国語同士、日本語は日本語同士で結びついた方が安定するのです。これは、漢字の読み方に関する一般的な原則です。

ただし、例外もたくさんあります。さかのぼれば中国語だとはいえ、音読みだって現在では日本語の一部。訓読みと結びついても違和感がないことも、少なくないのです。

「御」の場合だと、音読みのことばの前に付くのに訓読みで「お」と読む例が、数多く見受けられます。例を挙げれば、「御食事」「御天気」「御葬式」「御電話」「御化粧」などなどといった具合です。

また、「お茶」「お宅」「お客」など、音読みの漢字一文字に付く「お」も、漢字で書けば「御」。しかし、これらは、現在ではかな書きする方が自然でしょう。

全般的に、音読みのことばでも、日常生活でよく使われるものほど、訓読みの「お」が付きやすい傾向があります。そのことを頭に入れて、臨機応変に対応していくしかなさそうです。


ここがツボ！

漢字の熟語を読む場合には、音読み同士、訓読み同士で結びつけて読むのが基本。ただし、例外も少なくないことを忘れるべからず。

40

「月」を「るな」と読むような名前は、漢字の読み方としてアリなの？

「頁」を「ページ」と読む。これって、よく見かけますよね。

この漢字には、〝書物の紙の片面〟という意味があります。それを日本語で表すと「ページ」になります。だから、「頁」を「ページ」と読むのです。

もっとも、「ページ」が外来語であることを気にする方がいらっしゃるかもしれません。でも、外来語とは、外国語に由来しながらも日本語として定着したことば。日本語の一部であることには、ちがいありません。

訓読みとは、漢字の意味を日本語で簡潔に説明したもの。つまり、「頁」を「ページ」と読むのは、れっきとした訓読みなのです。

「月」を「るな」と読む名前も、原理としては同じこと。「ルナ」とは、ラテン語由来の英語で、空に浮かぶ〝つき〟を指すことば。「月」はそれと同じものを指す漢字ですから、「月」を「るな」と読むのは、訓読みの一種だと位置づけられます。

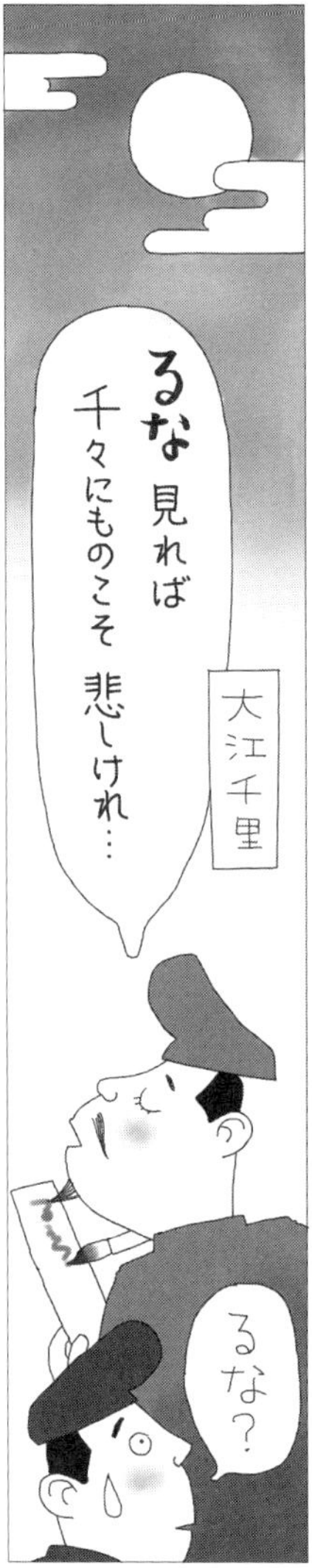

とはいえ、「ルナ」を日本語に定着した「外来語」として認めるかどうかは、議論のあるところでしょう。ただ、ここで考えなくてはいけないのは、名前の読み方には日常的にはあまり使われない読み方がたくさんある、ということです。

たとえば、徳川家康の「康」を「やす」と読むのは、この漢字に〝やすらか〟という意味があるから。つまり訓読みなのですが、名前以外でこの読み方を使う機会は、なかなかないでしょう。

では、織田信長の「信《のぶ》」は、どういう意味でしょうか？　この漢字には、「通信」「音信」のように〝ことばで伝える〟という意味があります。そこで、「述べる」の古語「のぶ」と読むようになった、と説明できます。

とはいえ、現在の日本語では、名前以外で「信」を「のぶ」ということはおろか、「のぶ」という単語を用いることすら、ほとんどなくなっています。

このように、現在のふつうの日本語では使われないけれど、名前では用いられる漢字の読み方のことを、漢字の世界では「名乗り」と呼んでいます。名乗りのほとんどは、その漢字の意味に由来するもので、特殊な訓読みだということができます。

現在の日本では、「ルナ」ということばの意味がわからない人も、少なからずいらっしゃることでしょう。でも、それも「のぶ」と同じだと考えれば、「月」を名前で「るな」と読むのも、名乗りの一種だと位置づけることができます。

昔から日本人は、漢字の意味をさまざまな日本語に置き換えて、それを用いて名づけをしてきました。二一世紀に大流行のいわゆる「キラキラネーム」も、その延長線上で理解することができるのです。

ここがツボ！

名前の漢字は、ふつうの日本語では使われない、「名乗り」と呼ばれる特殊な読み方がされることがあると知るべし。

41 「専」には右肩に点を打たないのに、「博」で点を打つのは？

「専」と「博」は、形がよく似ています。でも、成り立ちの上から見ると、まったく別の漢字です。

「専」は、昔は「專」と書くのが正式でした。分解すると、「叀」と「寸」。「叀」は、糸を巻き付ける〝糸巻き〟の形で、「寸」には〝手で持つ〟という意味があります。

そこで、「専」は、もともとは〝糸巻きに糸を巻き付けてひとつにまとめる〟という意味を表していたと考えられます。

一方、「博」は、昔は「博」と書くのが正式。右半分は「專」で、「甫」と「寸」を組み合わせた形をしています。「専」の本来の意味については諸説があるのですが、構成要素の上では、「専」よりもむしろ「捕」や「補」に近いといえます。

つまり、「博」で右肩に点を打つのは、この漢字の右上の部分が元は「甫」であったことの名残なのです。

ところで、「甫」は、音読みでは「ホ」と読みます。そこで、この形を含む漢字には、「捕」や「補」のように、「ホ」と音読みするものがたくさんあります。「哺乳瓶《ほにゅうびん》」の「哺」もそうですし、「匍匐前進《ほふくぜんしん》」の「匍」もそうです。「葡萄《ぶどう》」の「葡」では、ちょっと変化して「ブ」。また、「脈拍《みゃくはく》」を昔は「脈搏」とも書いたように、「ハク」と音読みする「搏」という漢字もあります。

つまり、「甫」を含む漢字には、音読みが「ホ」「ブ」「ハク」など、ハ行・バ行になるという特徴があるのです。そこで、「博」も音読みがハ行ですから、もとは「甫」を含んでいて点を打つ、と覚えておくと、わかりやすいでしょう。

同様に、「軽薄《けいはく》」の「薄」は、音読みが「ハク」だから点あり。「敷設《ふせつ》」の「敷」も、音読みが「フ」だから点ありです。

さらに、「出席簿《しゅっせきぼ》」の「簿」も、音読みが「ボ」だから点あり。「しばる」と訓読みする「縛」も、音読みが「バク」なのでこれまた点ありです。

なお、「稲穂《いなほ》」の「穂」も、は行の「ほ」と読みますが、これは訓読み。音読みは「スイ」なので、右肩に点は打ちません。

このように、同じ構成要素を持つ漢字は、音読みが似通う傾向があります。それは、漢字の多くは、部首と、発音を表す部分との組み合わせで成り立っているからです。つまり、部首ではない部分が同じ漢字は、発音が共通している可能性が高いのです。

そのようなタイプの漢字の組み立てのことを、「形声《けいせい》」と呼んでいます。

なお、形声文字で表されている発音とは、古代の中国語での漢字の発音。私たちが使っている音読みはそこからかなり変化しています。それでも、元は同じなので似通った音になっている、というわけです。

ここがツボ!

「形声《けいせい》」という漢字の構成法を理解しておくと、まぎらわしい漢字を区別するのにも役立つことがあると心得よ。

42 世界で一番画数の多い漢字は何？

漢字の辞典にはたいてい、漢字を画数の少ない方から順に並べた「総画索引」が付いています。ですから、その最後を見れば、その辞典に収録されているうちで最も画数の多い漢字が、簡単にみつかります。

中学生くらいからを対象としたやや小さめの漢和辞典ならば、三〇画の「鸞《ラン》」や、三三画の「麤《ソ》」あたりが、最多画数。「鸞」は、仏教の「親鸞聖人」で使う漢字。「麤」は、〝粗い〟という意味の漢字です。

高校生から社会人を対象とした本格的な漢和辞典になると、三五画の「齾《ガツ》」という漢字を載せているものもあります。現在ではまず使うことがない漢字ですが、これは、〝歯が欠ける〟という意味だそうです。

そうやって、より大きな辞典を見ていけば、もっと画数の多い漢字を見つけることができます。

その究極は、日本で最大の漢字の辞書、諸橋轍次『大漢和辞典』（大修館書店）。これには、図の右上のように「龍」を四つ書く、六四画の漢字が載っています。

この漢字の音読みは「テツ」、意味は〝口数が多い〟だと書いてあります。中国の古い辞書に出ている漢字なのですが、実際に一般的な文章の中で使用された確かな例は、見つかっていません。

『大漢和辞典』には、六四画の漢字としてもう一つ、前ページの図の右下のような「興」を四つ書く漢字も載っています。ただ、これまた中国の古い辞書に載せてあるだけで、意味さえよくわからない漢字です。

実際にある程度の一般性をもって使用されているのが確実な漢字のうち、画数が最も多いのは、図の左上の漢字でしょう。

これは、中国の陝西《せんせい》省西安市の名物、「ビャンビャン麺」の「ビャン」を書き表す漢字。

なんとも複雑な形をしていますが、画数は五七です。

ただし、この漢字は、『大漢和辞典』をはじめとする伝統的な漢字の辞書には出て来ません。おそらく比較的最近になって作られた、新しい漢字なのでしょう。

なお、図の左下は、「たいと」と読んで日本人の名前に使われることがあるとされている漢字。画数は、なんと八四もあります。

ただし、このお名前の方の実在は確認されていませんので、ひょっとするとネタなのかもしれないですね……。

ここがツボ！

びっくりするほど画数の多い漢字は存在するものの、使い道がはっきりしていないものが多い点に注意すべし。

43

見た目はぜんぜん違うのに、「庁」の昔の字が「廳」なのは？

「学」を昔は正式には「學」と書いたことは、ご存じの方も多いでしょう。この場合は、「學」の上のごちゃごちゃした部分をカタカナの「ツ」みたいに省略してしまったわけで、いかにも「略字」という感じがします。

昔の正式な書き方では「會」だったのを、現在では「会」と書くとか、「壽」を「寿」にするというのも、略し方としてはなんとなくわかります。全体の形に、似通う部分があるからでしょう。

でも、「廳」を略して「庁」にするとなると、確かにびっくりですよねえ！　元の「聽」のおもかげは、どこにもありません。

実は、「庁」は、「廳」の字画を省略して生まれた漢字ではないのです。

「廳」は、「チョウ」と読む漢字。だとすれば、同じく「チョウ」と音読みする「丁」を借りてきて、部首の「广（まだれ）」だけを残してその中に「丁」と書いてしまえば、手っ取り早くていいじゃないか！

そんな発想から生まれた漢字なのです。

このように、部首だけを残して、あとは音読みが同じで画数の少ない漢字で代用してしまうというのは、略字を作る際にときどき見られる方法です。

たとえば、「証券」の「証」。この漢字は、もともとは正式には「證」と書かれましたが、「ショウ」という音読みを「正」で表して、現在のような略字が作られました。

あるいは、「大胆」の「胆」。この漢字の昔の正式な書き方は、「膽」。これまた音読みは「タン」なので、「旦」を借りてきて画数の少ない漢字を作った、というわけです。

これらは、元の漢字の字画を「省略」しているというよりは、元の漢字の複雑な部分を、簡単な形に置き換えたもの。とはいえ、形が「簡略」になっていることは間違いないので、「略字」の中に含めるのがふつうです。

ここがツボ！

いわゆる「略字」の中には、元の漢字とは直接の関係はなく、まったく別の成り立ちで作られた漢字も含まれることを知るべし。

44

「進捗《しんちょく》」の「捗」の右半分は、どうして「歩」と同じ形じゃないの？

まずは、「歩」という漢字の成り立ちから、お話いたしましょう。

図の上段の右端は、今から三三〇〇年くらい前に使われていた、「甲骨文字《こうこつもじ》」の「止」。これは、〝足あと〟の絵から生まれた漢字だと考えられています。

その左は、今から二二〇〇年くらい前に定められた「篆書《てんしょ》」の「止」。これがさらに変化して、現在の「楷書《かいしょ》」の「止」が生まれたわけです。

図の下段は、同様に、「歩」の変化を示したもの。甲骨文字をご覧いただくと、この漢字が左右の〝足あと〟を縦に並べて書いたものだということが、よくわかるでしょう。左右の足を交互に出して〝あるく〟ことを、こうやって表したのです。

ここから変化していくとすれば、この漢字は、楷書では「止」の下に左右を逆にした「止」を書くことになりそうなもの。ただし、「㞢」は書きにくいので、実際には少しくずして「歩」と書かれることになりました。

しかし、この形は、「止」の下に「少」を書く形に、とてもよく似ています。そこで、昔から、よく「歩」と書かれてきたのです。とはいえ、正式な漢字はあくまで一画少ない「歩」で、印刷物などではこちらが使われていたのでした。

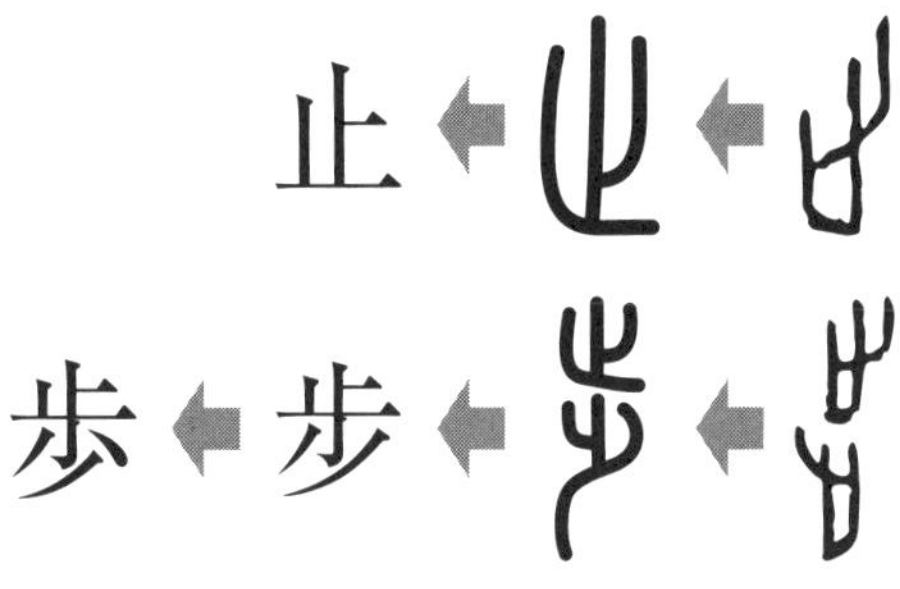

日本でその状況が変化したのは、第二次世界大戦の後。当時の国語審議会は、漢字の形の簡略化を推し進めていました。その一環として、「歩」も、「少」と形を統一した方がわかりやすいというわけで、一画多い「歩」の方を正式な字形として採用したのです。

このときに新しく正式になった形のことを「新字体」、それより以前に正式だった形のことを「旧字体」と呼んでいます。

ただ、新字体は、すべての漢字を検討対象にして定められたわけではありません。

当時の国語審議会は、漢字の数を減らすことを目標としていました。そのため、日常的に用いることが少ないむずかしい漢字は、いずれ使わなくなることを前提として、新字体の検討対象から外されたのです。

「進捗《しんちょく》」の「捗」も、その一つでした。この漢字は、旧字体の「歩」に「扌（てへん）」を付けたもの。もともとは旧字体の方が正式だったのですから、「扌」がついても、その形で書かれるのが正式だったのです。

そして、「捗」は新字体の検討対象からは外されましたから、「歩」を「歩」に変更されることもなく、現在に至っているのです。

新字体の検討対象となった漢字とは、現在では「常用漢字」と、子どもの名づけに使える「人名用漢字」の大部分に相当します。そこで、これらの漢字とそれ以外の漢字との間には、形の上で不一致があるのです。

常用漢字や人名用漢字以外の漢字については、いわゆる「新字体」は定められていないことを理解すべし。

45

「臆病」を「憶病」と書くのは○か×か？

「臆測《おくそく》」とか「臆断《おくだん》」という熟語があるように、「臆」は、〃根拠がはっきりしないまま考える〃ことを表す漢字。そこから転じて、「気が臆《おく》する」のように、〃自信がない〃という意味でも使われます。

一方、「憶」は、〃心の中にきちんととどめておく〃という意味。「記憶」「追憶」といった熟語に、その意味がよく現れています。

さて、「おくびょう」とは、言うまでもなく〃気が弱くて、ちょっとしたことも恐がる〃こと。つまりは〃自信がない〃ことなので、「臆」を使って「臆病」と書き表すと、ぴったりします。「憶」では意味が合いませんから、「憶病」は〃間違い〃だと思われます。

ところが、話はそう簡単ではありません。

「臆」の部首「月（にくづき）」は、〃肉体〃を表す部首。「臆」ももともとは〃胸〃を指す漢字で、〃根拠がはっきりしないまま考える〃という意味は、〃胸の中だけで考える〃ところから転じたものだと思われます。

それに対して、「憶」の部首「忄（りっしんべん）」は、古代文字では「心」と同じ形。〝心の中にきちんととどめておく〟という意味に、よく合っています。

ただ、やっかいなことに、「臆」が表す〝根拠がはっきりしないまま推測する〟とは〝心〟で行うことですから、「忄」は、この意味にもよく合います。そこで、昔から、「月」の「臆」の代わりに「忄」の「憶」を書く例も、よく見られるのです。

となると、「おくびょう」も、「忄」で「憶病」と書いて何が悪い？　ということになってしまいます。

似たような例は、ほかにもあります。

たとえば、「模型《もけい》」の「模」は、もともとは、何かを作り出すための〝木の型〟を表す漢字。部首「木（きへん）」に、そのことがよく現れています。

一方、「摸造《もぞう》」「摸写《もしゃ》」のように使う「摸」は、〝まねをする〟という意味。厳密に考えるならば「木」の「模」とは別の漢字なのですが、両方とも、〝同じようなものを生み出す〟という点で共通しています。

そのため、古くから、「扌」の「摸」の代わりに「木」の「模」が使われてきました。

現在では、「模造」「模写」のように「木」を使う方が、一般的になっています。

漢字は一文字ずつに意味があるため、使いこなすためには、その意味をきちんと理解する必要があります。とはいえ、その一方で、意味がアバウトに変化している漢字も少なくありません。

特に、部首だけが異なる漢字同士では、意味が通じ合うことも多く、お互いに融通して使われることが多い点には、注意が必要です。

ここがツボ！

熟語の中には、厳密に考えれば正しいとは言えない漢字を、習慣的に使って書き表されているものもあると心得よ。

46
「素敵」にはなぜ「敵」の文字が入っている？

「すてき」の「す」は、「すばらしい」の「す」だと考えられています。漢字で書けば、「素晴らしい」の「素」ですね。

これに、〝そのようなもの〟〝そのようなこと〟という意味を表す「的《てき》」をつけて、江戸時代に生まれたのが、「すてき」ということば。つまり、漢字では「素的」と書くのが本来の形で、「素敵」は当て字なのです。

当て字とは言っても、「素敵」という書き方は江戸時代から見られますから、由緒のある当て字です。おそらく、「素的」の見た目のおとなしさに満足できなかっただれかが、より刺激の強い書き表し方を求めて、「敵」を使ったものなのでしょう。

このように、現在の私たちは当然のように使っているけれど、元をたどると実は当て字だったものは、ほかにもあります。

たとえば、「辛抱《しんぼう》」。いかにも、「辛いこと」を心に「抱え」て我慢している感じがありますよね。でも、仏教で〝心を鍛える方法〟を指す「心法《しんぽう》」ということばがあり、「辛抱」はそこから転じた当て字だと考えられています。

あるいは、「腕白《わんぱく》」。なんとなく、活発な子どもの「白い腕」が連想されますよね。でも、これも「関白《かんぱく》」を語源とする当て字だとする説が有力。だとすると、「腕白坊主」が末は「亭主関白」になるのも、むべなるかな。おもしろいですね！

最後に、「頑丈《がんじょう》」。このことばは、語源ははっきりしないのですが、江戸時代には、「岩乗」「岩畳」「強盛」などとも書き表されていました。そのうちで一番〝がっしりした〟雰囲気のある「頑丈」が定着したのでしょう。

「素敵」も「辛抱」も「腕白」も「頑丈」も、今では広く一般的に使われていて、漢字テストでも堂々とマルが付きます。すました顔をしているのに、実は当て字だなんて、これもまた、漢字の魅力の一つなんでしょうね！

ここがツボ！

現在ではすっかり定着している熟語の中にも、もとはといえば当て字だったものがあることを知っておくべし。

47

「享年」のあとに「歳」をつけてはいけないって、どこまでホント？

「享年《きょうねん》」は、ちょっと意味のわかりにくいことばですよね。

「享」は、訓読みすると「うける」。意味としては〝受け取る〟ことですが、それを与えてくれるのが環境や運命など、個人を超えた存在であるのが特徴です。「自由を享受《きょうじゅ》する」「享楽《きょうらく》的な暮らし」のように使われます。

「享年」の場合は、与えてくれるのは神さま。〝神からいただいた年の数〟というところから〝亡くなったときの年齢〟を指すようになりました。

つまり、この場合の「年」は、厳密に考えれば〝年の数〟を指すわけです。それに対して、たとえば「九十歳」の「歳」も、〝年の数〟を表しています。そこで、「享年九十歳」のように用いると、〝年の数〟がダブってしまうのです。

以上が、「享年」のあとには「歳」をつけては〝いけない〟とされる理由です。

でも、まあ、それは〝いけない〟というほどのことかなあ、という気もします。

たとえば、「定員」とは〝定められた人の数〟のことですから、「員」は〝人の数〟という意味。一方、「九十名」というときの「名」も、〝人の数〟。となると、「定員九十名」はダブりの表現で、「定員九十」でないと〝いけない〟ことになります。

とはいっても、現在では「定員九十名」と書いてあっても、イチャモンをつける人はほとんどいないでしょう。

「年」と「歳」、「員」と「名」のように、漢字が違ってしまえば、意味の上での重複はそれほど気になりません。これも、「表意文字」としての漢字の効用なのでしょう。

もっとも、「享年」は「定員」とは異なり、かなり儀礼的な、オフィシャルな場面でよく用いられることばです。そういう場面では、ことばの端々にまで気を配りたいもの。

その点を考えて、「享年」のあとには「歳」はつけない方が〝望ましい〟、というくらいに心得ておくのは、いかがでしょうか。

ここがツボ！

同じ意味の漢字が重複する表現は、あまり気にする必要はないが、オフィシャルな場面では避けた方がよいこともある点に注意せよ。

48 「好景気」の反対は、なぜ「悪景気」ではなく「不景気」？

「好意」の反対は「悪意」。「好条件」の反対は「悪条件」。だったら、「好景気」の反対は「悪景気」になりそうなもの。なのに「不景気」だというのは、たしかに妙ですよね。

「不」とは、〝○○しない〟〝○○ではない〟ことを表す漢字。そこで、「不景気」を文字通り解釈すると〝景気ではない〟となって、意味をなしません。

でも、「好調」の反対は「不調」。「好運」の反対は「不運」。「好都合」の反対は「不都合」。そんなふうに並べてみると、「好景気」の反対が「不景気」であっても、おかしくはありませんよねえ……。

「調」は〝ととのっている〟という意味の漢字で、それだけでプラスの判断。「運」も、「運がない」のように、それだけで「好運」と同じ意味で使われることがあります。「都合」は、〝すべてが合う〟という意味合いですから、これも前向きの評価を含んでいます。

つまり、それだけで〝○○がよい〟という判断が含まれることばの場合には、「不」を付けるだけで、〝○○が悪い〟という意味を表すことができるのです。

　このように、ある漢字が実際に使われている例を集めてみると、それまできちんとは意識してこなかった意味や用法が見つかることがあります。この漢字の意味や用法はこれこれだ、と思い込んでしまうのは、危険なのです。

　ところで、〝○○が悪い〟ことを表す「不」の例は、実は少なくありません。「不機嫌」とは〝機嫌が悪い〟こと。「不始末」とは、〝始末が悪い〟こと。「社長の不興を買う」の「不興」もそうで、「興」とは、〝おもしろがる〟という意味です。

　また、〝作物のできが悪い〟ことは「不作」、〝漁の成果が悪い〟ことは「不漁」。これらのことばの背景には、それぞれが〝よい〟ことを切に願う気持ちがあるのでしょう。「景気」が〝よい〟のも、みんなの願い。その強い気持ちが、「不景気」という表現を支えているのかもしれません。

ここがツボ！

漢字には、ふだんは意識しないままに使っている意味や用法が含まれていることがあると考えるべし。

49

「炒飯《チャーハン》」「餃子《ギョーザ》」「雲呑《ワンタン》」……中華料理の読み方は、当然、音読み？

「音読み」とは、中国語の発音が日本語風に変化したものです。ただし、その変化が生じた時期は、江戸時代までを一区切りとしています。明治以後に日本語に取り込まれた中国語は、現代中国語からの「外来語」として扱われるのがふつうです。

「炒飯」の現代中国語での発音を、カタカナで書き表すとすれば、「チャオファン」となります。「チャーハン」はそれが日本語風になまったものですから、現代中国語からの外来語なのです。

「餃子《ギョーザ》」も、現代中国語からの外来語。ただ、ふつうの中国語の辞書に載っている発音に従ってカタカナで書き表すと、「ジャオズ」となってしまいます。

これは、「ギョーザ」という発音の元になったのは、中国の中でも山東省あたりの方言だったから。私たちがふつうに「中国語」と呼んでいるのは、北京を中心に話されていることばが基礎になったもの。中国は広いですから、方言による発音の差も大きいのです。

「ワンタン」も、似たような例。漢字で書くと「雲呑」ですが、これを北京語で読むと「イントゥェン」といったところ。「ワンタン」は、香港あたりで使われている広東語での発音に基づいています。

「焼売《シューマイ》」も元は広東語、「飲茶《ヤムチャ》」も同じです。「米粉《ビーフン》」の場合は、元になったのは台湾語。「搾菜《ザーサイ》」になると、あるいは特産地の四川省の方言が影響を与えているかもしれません。

このように眺めてみると、現代中国語からの外来語には、さまざまな地方の中国語が含まれていることがわかります。ですから、北京を中心に話されている「中国語」を勉強したからといって、これらの外来語の読み方が覚えやすくなるわけではありません。

中国のさまざまな地域の人々との交流の結果が、かくも多彩な現代中国語からの外来語となって、現れているのです。

ここがツボ！

中華料理の名前は、中国のさまざまな地方の方言から取り込まれた外来語であると知るべし。

50

和服の「裃《かみしも》」のことを「上下」と書いたら、間違いか？

「かみしも」とは、江戸時代のお侍さんの正装。上半身には肩がピンと張った「肩衣《かたぎぬ》」を羽織り、下半身には肩衣と同じ布で作った「袴《はかま》」をはくのが、一般的です。上下がおそろいになるところから、「かみしも」と呼ぶのでしょう。

つまり、語源からすれば、「上下」と書き表してもまったく問題はありません。実際、もともとはそのように書いていました。明治時代の文章でも、「かみしも」を「上下」と書き表している例を見ることができます。

ただ、「上下」だと、「うえした」とも読めますし、音読みで「ジョウゲ」と読むこともできます。また、「かみしも」と読んだとしても、衣服の「かみしも」を指すことがはっきりとは伝わらない恐れがあります。

そこで、まず、〝衣服〟を表す部首「ネ（ころもへん）」をそれぞれの漢字に付けた「社祄」という書き方が編み出されました。そしてさらに、この二文字を一文字に縮めた「裃」

という漢字が作られたのです。

「𧘕」「𧘔」も「裃」も、和服の「かみしも」を書き表すために、江戸時代の日本で作られた文字。このように、漢字にならって日本で作られた文字のことを「国字《こくじ》」と呼んでいます。

というわけですから、和服の「かみしも」を「上下」と書き表しても、〝間違い〟ではありません。とはいえ、「裃」には、一目で和服の「かみしも」だとわかるというメリットがあります。そのため、現在ではこちらがすっかり定着しているのです。

ちなみに、「上」「下」を縦に並べた形は、国字にときどき登場します。

たとえば、「峠」は、〝山道の上りが終わって下りが始まるところ〟。「鞐《こはぜ》」は、昔の書物を包むカバーを上下からつないで、外れないようにするための〝留め金〟。また、和服の足袋が脱げないようにするための〝留め金〟を指しても用いられます。

語源からすると正しい漢字の使い方でも、現在ではあまり用いられなくなっているものもあることに気をつけよ。

51 漢字の成り立ちについての説明は、信じていいの？

ある漢字がそもそもはどういう考えで作られ、どういう意味を表していたのか。その説明のことを、「漢字の成り立ち」とか「字源」などといいます。漢字の成り立ちはおもしろいので人気があり、小学校の漢字教育で紹介されることもあります。

私も、四〇年ほど前、小学生だったころに、「東」という漢字は「木」の向こうから「日」が昇ることを表す、と習ったものでした。

これは、紀元後一世紀ごろに中国で作られた、『説文解字《せつもんかいじ》』という漢字の辞書に載せられている説に基づく、成り立ちの説明です。

しかし、近年では、この説明はほぼ完全に否定されてしまっています。その理由は、二〇世紀の後半になって、古代文字の研究が大幅に進展したことにあります。

きっかけとなったのは、紀元前一三〇〇年ごろに使われていた漢字の祖先、「甲骨文字《こうこつもじ》」が発見されたこと。それまでは知られていなかった古い時代の漢字が見つかったことにより、成り立ちの研究は全面的な再検討を迫られたのです。

図の上側は、紀元前三世紀ごろに用いられていた、「篆書《てんしょ》」の「東」。私たちがよく知っている「東」と基本的には同じ形です。『説文解字』では、これを「木」と「日」に分解して、成り立ちを考えていたのです。

しかし、甲骨文字での「東」は、図の下側のような形をしています。これを「木」と「日」に分けようとするのは、かなり無理がありますよね？

最近、有力になっているのは、甲骨文字の「東」は〝両端をしばった袋〟の形だとする説。大昔の中国語では「東」は〝袋〟を表す漢字だった、と言うのです。

それが方角の〝ひがし〟を意味するようになったのは、当て字の一種。当時の中国語では、〝ひがし〟を表す単語と〝袋〟を指す単語の発音が似ていたので、〝袋〟を意味する「東」を〝ひがし〟を指す場合にも代用した、というわけです。

このように、漢字の成り立ちの研究では、それまで信じられていたある学説が否定されて、新しい学説が広まることが少なくありません。

考えてみれば、タイムマシンでも発明されない限り、実際に漢字が作られた過程を目にすることはできません。漢字の成り立ちに関する研究はすべて〝仮説〟である、と言っても、言い過ぎではないのです。

ということは、現在は有力な説であっても、いつかはひっくり返されてしまうこともありうるわけです。漢字の成り立ちは、「なるほど」「へえ」と感じさせるところがあっておもしろいですが、それが〝一〇〇％の真実〟だとは思い込まない方が、安全です。

ここがツボ！

漢字の成り立ちに関する研究は、年々、進歩していて、以前の説が否定されることも少なくないと心得るべし。

52

意味は違っても、やけに似ている「爪《つめ》」と「瓜《うり》」は関係がある？

指の先にある「爪《つめ》」と、野菜の一種「瓜《うり》」。何のつながりもなさそうですよね。なのに、漢字で書くと、形はそっくり。まぎらわしいこと、この上なしです。

そこで、「爪につめなし、瓜につめあり」といって覚えたりもします。

ただ、この二つの漢字、そっくりさんなのは、あくまで現在、ふつうに使われている「楷書《かいしょ》」という書き方でのこと。古代文字にさかのぼって見ると、それほど似ているわけではありません。

図をご覧ください。右側は、今から三三〇〇年ほど前に使われていた古代文字、「甲骨文字《こうこつもじ》」の「爪」。これは〝指を広げた手〟を表す形で、そこから変化して、指の先にある「つめ」を指すようになった、と考えられています。

左側は、それから二〇〇年くらい後に用いられた、やはり古代文字の一種、「金文《きんぶん》」の「瓜」。こちらは、曲がりくねったつるから、「うり」がぶらさがっている形です。

　このように、漢字の中には、古代文字ではまったく別ものだったのに、時代とともに変化して、現在の楷書ではよく似た形になっているものが、少なくありません。

　たとえば、「おのれ」と訓読みする「己」、十二支の〝へび〟を表す「巳《み》」、「すで（に）」と訓読みする「已」は、現在の楷書では、ちょっと気を抜くと間違えてしまうくらいに、微妙な違いしかありません。

　しかし、成り立ちとしてはまったく別もの。いろいろな説があるのですが、「己」はもともとは〝糸巻き〟の絵、「巳」は〝へび〟の絵、「已」は土を耕すのに使う道具〝すき〟の絵から生まれた漢字だ、などと言われています。

　また、「都」や「郡」「邦」などの部首「おおざと（阝）」と、「陸」「険」「降」などの部首「こざとへん（阝）」は、漢字の右側にあるか左側にあるかが違うだけで、形はまったく同じです。

　けれども、古代文字にさかのぼると、右側にある「おおざと」は、楷書で書くと「邑《ユウ》」になる形。これは、訓読みでは「むら」と読む漢字で、〝人が住んでいる土地〟を表しています。

一方、「こざとへん」はというと、楷書ならば「阜《フ》」になる形で、〝盛り上がった土〟を意味する、と考えられています。

漢字の形は、長い歴史の流れの中で、かなり変化してきています。そのため、それぞれの漢字がもともとはどういう意味を表していたのかを、現在の楷書の形をもとにして考えるのは、無理があるのです。

ここがツボ！

漢字の成り立ちについて考えるためには、古代文字までさかのぼって形を見る必要があることを忘れるべからず。

53

「忄（りっしんべん）」と「心」の意外なつながりとは？

「悩」「情」「憎」といった「忄（りっしんべん）」の漢字は、漢和辞典では、ふつう、「思」「念」「怒」などと同じ「心（こころ）」という部首に収録されています。

もっとも、「忄」を「心」とは別の部首にしている辞典もあります。しかし、その場合でも、部首「心」のすぐあとに部首「忄」を置いて、両者のつながりは切り離さないのがふつうです。

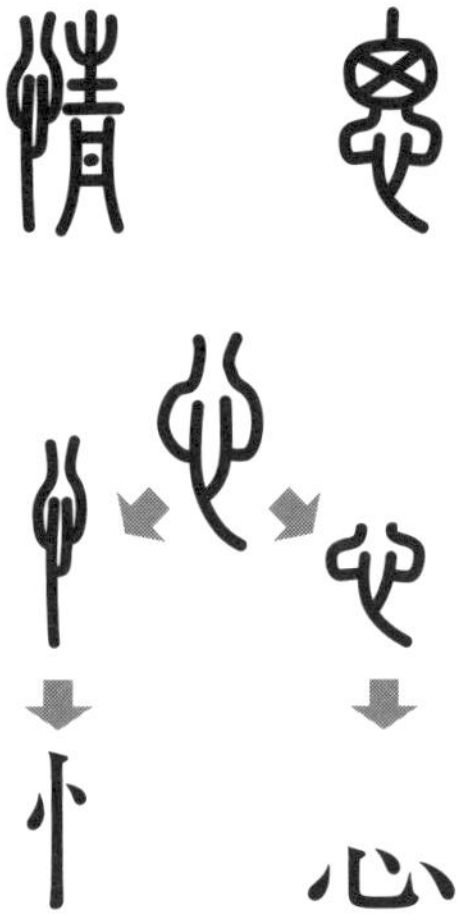

その理由は、「忄（りっしんべん）」は、「心」が漢字の左側に置かれたときの形だからです。

そもそも、「りっしんべん」という名前が、漢字で書けば「立心偏」。縦長の「心」を「心が立っている」と見立てているわけです。

図の右側は、今から二二〇〇年くらい前に

使われていた漢字の祖先、「篆書《てんしょ》」の「思」。左側は、同じく篆書の「情」。これを見れば、「心」と「忄」が同じ形の縦長と横長のバージョンだということが、わかるでしょう。

ただ、「心」が変形して「忄」になった、と説明するのには、少し問題があります。なぜなら、「心」も「忄」も、現在、私たちが使っている「楷書《かいしょ》」の形だからです。楷書の「心」が、変形して楷書の「忄」になったわけではありません。

図のように、篆書の「」は、漢字の下側に置かれると平べったく書かれ、左側に置かれた場合には縦長に書かれました。そして、平べったい「」は、楷書では平べったい「心」へと変化し、縦長の「」は、楷書では「忄」へと変化したのです。

「手」と「扌（てへん）」、「水」と「氵（さんずい）」なども同じです。「手」が「扌」に変化したり、「水」が「氵」に変わったりしたわけではありません。楷書では別の形ですが、篆書にさかのぼると同じ形をしていた、と表現するのが正確です。

ここがツボ！

部首の中には、現在の楷書《かいしょ》では別の形をしているが、古代文字にさかのぼると同じ形になるものがあることに注意せよ。

54 漢字の部首じゃない部分にも名前はあるのか？

漢字を縦に二つに分けたとき、左側を「へん」といい、右側を「つくり」と呼びます。「持」ならば、左側は「扌（てへん）」。「待」ならば、「彳（ぎょうにんべん）」。「詩」ならば「言（ごんべん）」で、「特」ならば「牛（うしへん）」です。

だったら、右側の「寺」だって、「てらづくり」とかなんとか、名前がありそうなものですよね？

でも、そんな名前はありません。なぜなら、「○○へん」とか「○○づくり」というのは、あくまで「部首」に対して付けられる呼び名だからです。

部首とは、漢和辞典で漢字を分類するための目印。多くの場合は、その漢字の意味と関係が深い部分が選ばれます。二つ以上の目印を付けると分類がややこしくなるので、一つの漢字に部首は一つだけしかありません。

「持」の「扌」、「待」の「彳」、「詩」の「言」、「特」の「牛」は、みんな、部首。だから、名前が付いているわけで、部首でない方の「寺」には、名前は付けないのです。

漢字の上半分の「かんむり」や、全体を取り巻く部分をいう「かまえ」などでも、同じこと。「安」の「宀」は部首なので「うかんむり」と呼ばれますが、「女」の部分は部首ではないので、特に名前を付けて呼ぶことはありません。

ところで、漢字の右半分、「つくり」の部分が部首になることは、そんなに多くはありません。そこで、「○○づくり」という名前の部首も、あまり存在しません。「形」「彩」などに見られる「彡（さんづくり）」や、「新」「断」などの「斤（おのづくり）」が代表的なところ。また、「戦」「戯」の部首「戈」や、「殴」「殺」の部首「殳」のことを、どちらも「ほこづくり」と呼ぶことがあります。

たくさんあって部首の代表みたいな存在になっている「へん」に押されて、「つくり」はちょっと肩身が狭いですね。

ここがツボ！

「○○へん」「○○づくり」「○○かんむり」「○○がまえ」などは、部首の名前。部首ではない部分には名前はないと知るべし。

55

「凸」「凹」「〆」「々」は、漢字なの？　記号なの？

ある書かれた形が文字であるかどうかを決める第一の条件は、その形がある一定の読み方を表しているかどうか、ということです。

たとえば、ひらがなの「あ」は、日本語の五十音の一つ目を表しています。英語ではアルファベットの「a」を数種類に発音しますが、それでもたった数種類ですから、〝ある一定の読み方〟の範囲だといえるでしょう。

漢字にも、一文字で複数の読み方をするものがあります。特に日本語では、音読みや訓読みがいくつもある漢字が、たくさんあります。とはいえ、どんなふうに読んでもいいというわけではありませんから、やはり〝ある一定の読み方〟を表しているのです。

ただ、漢字の場合、第二の条件として、ある一定の意味を表しているかどうか、が加わります。「表意文字」と言われるのは、そのためです。

「凸」は、訓読みでは「でこ」と読み、音読みでは「トツ」と読みます。意味としても、〝突

き出ている〟ことを表しますから、漢字であると考えて、問題はありません。

「凹」も同様で、訓読みは「ぼこ」とか「くぼ（む）」「へこ（む）」、音読みは「オウ」。〝ある部分だけが引っ込んでいる〟という意味ですから、間違いなく漢字です。

「〆」の場合は、「〆切り」「一本〆」「酢で〆た魚」のように、「しめ」「しめる」と訓読みして、〝おしまいにする〟〝肉を固くする〟といった意味で使われます。とすれば、これも漢字だといえるでしょう。

ただ、「〆」は、〝結び目〟の絵が変化して、日本で生み出された漢字、いわゆる「国字《こくじ》」。中国語にはない漢字なので、音読みはありません。

以上の三つは、どれも漢字です。しかし、「々」になると、事情は違ってきます。

「人々」では「びと」と読み、「少々」では「しょう」と読むのが、「々」の読み方。前の漢字の読み方をくり返すわけですから、可能性としては、どんな読み方もあり得ます。

意味という点でも同様です。前の漢字をくり返す以上、〝ある一定の意味〟を表しているとはいえないでしょう。

だとすれば、「々」は漢字ではなく記号である、と考えるべきでしょう。漢字と一緒にしか使われませんが、漢字ではないのです。

なお、「々」の形の由来としては、「同」と読み方も意味も同じ漢字「仝」のくずし字が変形したものとする説が有力。そこで、「々」のことを「同《どう》の字《じ》点《てん》」と呼ぶことがあります。

また、「々」を指して「踊り字」ということもありますが、これは、ひらがなをくり返す「ゝ」や、カタカナをくり返す「ヽ」なども含めた名称。「々」だけを指すものではありません。


ここがツボ！

漢字とは、ある一定の読み方があり、ある一定の意味を表しているもの。そうでないものは、単なる記号だと考えるべし。

Step 4

発展編

漢字の奥深さをとことん愉しむ15のツボ

56

字を見ただけで、音読みか訓読みかわかる方法はある？

中国語には、一つの漢字は必ず一音節で発音されるという特徴があります。一音節とは、a、ka、san、tik などのように、一つの母音を中心とする発音のまとまりを指します。

音読みとは、昔の中国語の発音が、日本語風になまったもの。そこで、音読みも、中国語のこの特徴を日本語風に変化させて受け継いでいます。それを整理すると、次のようになります。

1 音読みは、かなで書くと必ず三文字以下である。

2 二文字、三文字の音読みの最後の文字は、必ず「イ」「ウ」「キ」「ク」「ツ」「チ」か、小さい「ャ」「ュ」「ョ」か、「ン」になる。

3 三文字の音読みの真ん中は、必ず小さい「ャ」「ュ」「ョ」である。

また、送りがなは日本語独特のものですから、「喜《よろこ》ぶ」「眠《ねむ》る」「飛《と》ぶ」のように送りがなを付けないと読めないものは、すべて訓読みです。

以上から考えると、「唇」を「くちびる」と読んだり、「掌」を「たなごころ」と読んだりするのは、四文字以上ですから、訓読みだとわかります。

三文字で送りがなが付かないものでも、「昔《むかし》」「扇《おうぎ》」などは、真ん中が小さい「ャ」「ュ」「ョ」ではありませんから、訓読み。逆に、「京《キョウ》」「尺《シャク》」などは、真ん中が小さい「ャ」「ュ」「ョ」だから音読みです。

二文字の場合も、「イ」「ウ」「キ」「ク」「ツ」「チ」「ャ」「ュ」「ョ」「ン」では終わらないものは、訓読みだと判断できます。「川《かわ》」や「夢《ゆめ》」が、その例です。

ただ、二文字になると、「時《とき》」や「靴《くつ》」のように、音読みの特徴に当てはまる訓読みもたくさんあるので、困ってしまいます。そんな場合には、その漢字の構成要素に着目すると、判断がつくことがあります。

「時」は「ジ」とも読みますが、「時」に含まれる「寺」も「ジ」と読みます。こういうふうに、その漢字の構成要素と同じ読み方は、たいていは音読みです。とすれば、「時」の別の読み方「とき」は訓読みである可能性が高い、ということになります。

また、熟語を考えてみるのも、一つの方法です。

「靴」は「長靴《ながぐつ》」「革靴《かわぐつ》」のように使われますが、「長《なが》」も「革《かわ》」も、「が」「わ」で終わっていますから、ともに訓読み。この場合、それらと結びついている「靴《くつ》」も、訓読みである可能性が高くなります。

とはいえ、これらの方法は、絶対に確実な見分け方というわけではありません。さらに、一文字だけの読み方になると、客観的に区別するのは、かなり困難です。

音読みと訓読みを見分けたい場合には、以上にご説明したような知識を生かしつつ、最終的には漢和辞典を開いて確かめるというのが、おすすめです。

ここがツボ！

音読みには、中国語の発音から受け継いだ、訓読みとは異なる特徴がある。しかし、音読みと訓読みを見分ける絶対的な方法は存在しないと心得よ。

57 音読みの熟語は、もともとはみんな中国語だった？

〝書物を読む〟ことは「読書」。〝お酒を禁じる〟ことは「禁酒」。〝学校に通う〟ことは「通学」。このように、漢字を音読みする熟語では、〝AをBする〟〝AにBする〟ことを表現する場合に、「BA」という順番に漢字を並べます。

これは、中国語の語順に基づくもの。〝書物を読む〟ことを英語では read books と表現するのと同じことです。

漢字とは、もともとは中国語を書き表すために作られた文字です。音読みとは、その漢字の昔の中国語としての発音が、日本語風に変化したもの。そこから推測できるように、音読みの熟語は元は中国語だったと考えて、基本的には問題ありません。

だとすれば、〝心を配る〟ことを熟語にすると、中国語の語順に従って、「配心」となりそうなものです。でも、私たちは平気で「心配」と言っています。おかしいですよね？

実は、音読みの熟語の中には、日本人が作り出したことばも多数、含まれているのです。

それは、和製英語のようなものです。

たとえば、〝ドラマを作る（ドラマを生み出す）〟ことを意味する「メークドラマ」は、かつて、プロ野球の世界で、ジャイアンツの長嶋監督が生み出した和製英語。さすがミスター！　きちんと英語の語順通りになっています。

これを、日本語の語順通りに「ドラマメーク」とすると、和製であることがバレバレになってしまいます。「心配」は、まさにそういう例。日本人が、日本語の語順で漢字を並べて音読みした、和製の漢字熟語なのです。

このような例としては、ほかにもたとえば「墓参《ぼさん》」があります。これも、〝お墓に参る〟ことですから、語順としては「参墓」の方が本来でしょう。

これらは、「こころくばり」「はかまいり」という日本語がきちんとありますから、それを漢字で「心配り」「墓参り」と書いたものを、音読みして生まれたことばなのでしょう。漢字の並び順が先に決まっていたわけですから、うっかりミスとは言い切れません。

しかし、「前略」だとか「券売機」だとか「砂防ダム」だとかになると、元になる日本語はなさそう。何もないところから音読み熟語を作ろうとして、うっかり語順を間違ってしまったものと考えられます。

もっとも、日本人が作った音読みの漢字熟語はたくさんあり、そのほとんどはきちんと中国語の語順通りになっています。うっかりミスは、圧倒的に少数派。昔の日本人が教養に乏しかったわけではありません。

なお、語順が逆になっているものが必ず和製であるとは限りません。たとえば「肉食」は、〝肉を食べる〟ことですから、語順が逆になっています。

しかし、中国語にも「肉食」ということばはあります。ただ、おそらくは元は〝肉の食事〟を指すことばで、それが〝肉を食べる〟という意味に転用されたものかと思われます。

ここがツボ！

音読みする漢字の熟語の中にも、日本で作られたものが意外と多く含まれていることに注意すべし。

58

ふつうの読み方とは微妙に違う〝方言訓読み〟とは?

「渋谷」「四ッ谷」「阿佐ヶ谷《あさがや》」「雑司ヶ谷《ぞうしがや》」「谷中《やなか》」などなど、東京には「谷」を「や」と読む地名がたくさんあります。

名字でも、「細谷《ほそや》」さんや「古谷《ふるや》」さん、「円谷《つぶらや》」さんなどなど、「谷」を「や」と読むことはよくありますよね。

でも、「谷」は、音読みでは、「渓谷《けいこく》」「峡谷《きょうこく》」のように「コク」と読む漢字。訓読みでも、「谷底《たにぞこ》」「谷川《たにがわ》」「王家の谷」など、ふつうは「たに」と読みます。

「谷」を「や」と読むのは、地名や名字の場合に、ほぼ限られます。では、この「や」とは何ものなのでしょうか?

昔の東日本では、〝土地が低まって水気の多いところ〟を指して「や」とか「やつ」とか「やち」と呼んでいました。

一方、「谷」とは〝両側に比べて土地が低くなっているところ〟を指す漢字。そこで、「や」

とか「やつ」とか「やち」を書き表すのに、この漢字を使うようになったのです。

訓読みとは、その漢字が表している意味を日本語で簡潔に説明して読む読み方をいいます。つまり、「谷」を「や」と読むのは、訓読みなのです。

ただ、これは、東日本限定の、いわば〝方言訓読み〟。実際、京都には「大谷《おおたに》」「鹿《しし》ケ《が》谷《たに》」「梅《うめ》ケ《が》谷《たに》」などなど、「谷」が付く地名が山ほどありますが、それらでは「谷」は「たに」と読むのが一般的です。

ついでにいえば、沖縄の地名では、「読谷《よみたん》」「北谷《ちゃたん》」のように、「谷」を「たん」と読むのが目立ちます。これも、琉球方言の一種なのでしょう。

このように、古くからある地名では、漢字がその地方独特の読み方をされたり、ほかでは見られない漢字が使われていたりすることがあります。

ここがツボ！

古くからある地名には、その地方独特の漢字の使われ方が残っていることがあると心得るべし。

59

辞書の漢字の画数が、自分で数えたのと合わないことがあるのはなぜ？

「極」という漢字は、何画でしょうか？

そう聞かれたら、おそらくほとんどの人は、一二画だと答えるに違いありません。実際、現在、発行されている漢和辞典のほとんどでは、そうなっています。しかし、古い漢和辞典を調べると、一三画だとしていることが少なくありません。

「木」は四画、「口」は三画、「又」は二画。これらは動きようがありませんから、図のマルを付けた部分を離すか離さないかで、画数が違ってきているのでしょう。

あるいは、「紫」の画数は、いかがでしょうか？

これも、現在の私たちの感覚では、一二画。しかし、昔の漢和辞典では、図のマルの部分を続けて書いて、一一画とするのが一般的でした。

漢字の画数の基準となっているのは、一八世紀の初めに中国で作られた『康熙字典《こうきじてん》』という辞書です。この辞書では、「極」は一三画、「紫」は一一画になっています。

紫　極

ただ、『康熙字典』で「亟《キョク》」という漢字を調べると、八画になっています。これに「木」の四画を足すと一二画ですから、矛盾しているのです。そこで、現在では「極」も一二画で数える方が、一般的になっています。

「紫」の場合は、『康熙字典』では、「止」が縦長になった形は三画とするように統一されています。当時は、それが常識だったのでしょう。しかし、現在の感覚では四画でないとおかしいので、画数が一画増えることになったのです。

このように、画数の数え方は、時代によって変化します。また、ごくまれに、辞書ごとの考え方によって、画数に違いが出て来ることもあります。

というわけで、自分で画数を数えて漢字の辞書を引いたけれど目的の漢字が見つからない場合には、その画数の前後も探してみるようにしてください。

ここがツボ！

画数の数え方は、時代や辞書によって微妙に異なることがある。辞書に載っている画数が絶対だとは思うべからず。

60

「新聞」の「新」をよく見ると気がつくこととは？

図の三つの新聞の題字を眺めてみてください。何か気づきませんか？

そうですよね！　どれも、「新」の字の左下、「木」のような形をした部分が、「未」のような形になっています。

でも、だからといって、この字が〝間違い〟だというわけではありません。漢字のテストだったら、バツにされてしまうでしょう。

漢字は、今から三三〇〇年くらい前に中国で生まれました。そのころの漢字の形は、現在の私たちが知っているのとはかなり異なっています。この古代文字のことを、「甲骨文字《こうこつもじ》」と呼んでいます。

古代文字としては、そのほか、三一〇〇年くらい前に使われた「金文《きんぶん》」、二二〇〇年くらい前に定められた「篆書《てんしょ》」が代表的なものですが、どれも私たちが現在、ふつうに用いている「楷書《かいしょ》」とは、形がかなり異なっています。

篆書に少し遅れて生み出された「隷書《れいしょ》」になると、骨組みの上では楷書とほとんど同じ

朝日新聞
神戸新聞
福井新聞

になります。ただ、微妙に異なる場合もあって、「新」はその例なのです。

「新」の左半分は、成り立ちとしては、「辛」と「木」を組み合わせた形です。そこで、隷書のころまでは、「立」と「木」の間に横棒が一本、引かれていたのです。

楷書が生まれたのは、隷書が使われるようになってからだいたい五〇〇年くらい後のこと。その間に、横棒が一本省略されて、「新」は現在の形になったのです。

隷書は伝統の重みを感じさせるので、現在でも、書物のタイトル部分だとか、お店や会社の名前を記した看板などに使われることがあります。新聞の題字も、その一つ。これらの「新」は、隷書で書かれているのです。

ここがツボ！

現在、一般的に使われている「楷書《かいしょ》」と、その直接の元になった「隷書《れいしょ》」では、漢字の骨組みが異なることがあると知るべし。

61

漢字の成り立ちについて知りたいとき、一番いい方法は？

中国では、紀元前一三〇〇年の昔から、漢字を用いて文章を書き表してきました。そうやって書き残された文章に基づいて、さまざまなことがらを研究する学問のことを、昔の日本では「漢学《かんがく》」と呼んでいました。現代風に言えば、「中国文学」「中国哲学」「中国歴史学」などが、これに当たります。

一方、日本でも、だいたい四～五世紀ごろから、漢字を用いて文章を書き表してきました。そうやって書き残されてきた日本語のことを研究するのは、「国語学」とか「日本語学」の先生たちです。

これらとはちょっと異なって、漢字そのもののことを研究する学問は、「文字学」とか「漢字学」と呼ばれています。漢字の成り立ちに関する研究は、この分野に属しています。

漢和辞典を作る際には、以上に挙げたようなさまざまな分野をご専門にされている先生方に、原稿のご執筆をお願いします。文字学の先生方にももちろん加わっていただき、漢字の成り立ちに関する解説をお願いすることになります。

現在、発行されているほとんどの漢和辞典では、収録されているそれぞれの漢字について、その成り立ちを説明しています。文字学の研究に長年、たずさわってこられた先生が、その成果を簡潔に披露してくださっているのです。

漢字の成り立ちについて知りたいのであれば、これを利用しないという手はありません。でも、漢和辞典ってなんだかむずかしそうで、敷居が高いかもしれないですね。

そういう場合は、小学生向けの漢字の辞典がおすすめです。多くの場合、文字学研究の先生の監修のもと、イラストを入れるなどしてわかりやすく、漢字の成り立ちについて説明してあります。

まずはこれで勉強をして、慣れてきたら、中学生向け、高校生から社会人向けへと、辞典のグレードを上げていけばよいのです。

ただ、漢字の成り立ちについて勉強する場合に、気をつけていただきたいことが一つあります。それは、文字学の先生方が熱心に研究されてこられたものでも、その成果は「学説」の一つでしかない、ということです。

中国で漢字が生み出されたのは、今から三〇〇〇年以上も昔のこと。そのころ、どういう考えでそれぞれの漢字が作られたのか、正確なところは、わかるはずもありません。
そんな困難な問題に立ち向かっていらっしゃる研究者の方々の努力に、私は心から敬意を抱いています。とはいえ、ある方の学説が〝絶対に正しい〟という保証は、残念ながらないのです。
できれば、いくつかの漢和辞典の成り立ちの説明に目を通して、さまざまな学説に触れてみることを、おすすめいたします。

ここがツボ！

現在、発行されている漢和辞典には、漢字の成り立ちの説明が書いてあることが多いことを知っておくべし。

62

社会人として、いくつ漢字を知っていれば恥をかかない？

現在の学校教育では、中学校を卒業するまでに「常用漢字の大体を読むこと」が、一つの目標となっています。この「常用漢字」とは、政府が定めた『常用漢字表』に掲載されている漢字のこと。全部で二一三六字あります。

そこで、だいたい二〇〇〇字強の漢字が読めるというのが、義務教育を終えた人間としての〝常識〟だ、といえるでしょう。

その一方で、こんな数字もあります。

文化庁が二〇〇七（平成19）年に公表した、書籍や雑誌で使われている漢字の出現数調査によると、多い方から二〇〇〇位までの漢字の出現数の合計が全ての漢字に占める割合は、約九八％です。

ということは、約二〇〇〇の漢字を知っていても、一〇〇文字につき二つくらいは知らない漢字に出会ってしまう、というわけですね。

ちなみに、この調査によれば、書籍や雑誌では、対象を二四四一位まで増やして、やっと全体の九九％を超えるという結果となります。

つまり、中学校までしっかり勉強をして常用漢字をすべて読めるようになったとしても、現実の書籍や雑誌などを読む上ではちょっと心もとない、というわけです。

とはいえ、あまり心配する必要はありません。

なぜなら、常用漢字には、「伊藤」さんの「伊」、「畠山」さんの「畠」、「大輔」さんの「輔」などは、含まれていないからです。こういった主に固有名詞で使われる漢字は、常用漢字の対象ではありませんから、授業で教わる対象にもなりません。

でも、私たちは、これらの漢字を読むことができます。実際にそういうお名前の方と知り合いになったり、そういうお名前の存在に触れる中で、自然と身についていくのです。

漢字の中には、このように、特に勉強をしなくても、ふだんの暮らしの中で知らず知らずのうちに読めるようになるものが、たくさんあります。

それに、書籍や雑誌、新聞などでは、常用漢字以外の漢字には、多くの場合、振りがなを付けてあります。ですから、読むのに苦労はしませんし、意味だって、前後の文脈からわかってしまうことが多いでしょう。

このような事情を考慮に入れますと、社会人としては、まずは常用漢字をきちんと読めるようになり、あとは折に触れて出会う漢字を自然に読めるようになっていけば、それで十分〝恥ずかしくない〟といえるでしょう。

漢字の数は膨大ですから、どんな物知りであっても、知らない漢字はあります。だから、知らない漢字があることを〝恥ずかしい〟と思う必要なんて、ないのです。

知らない漢字に出くわしたら、未知のものに出会えたことを〝おもしろい〟と感じて、漢字の世界をたのしんでいただく方が、よいと思いますよ。

ここがツボ！

特別に勉強しなくても、ふだんの生活の中で自然に覚える漢字もたくさんあることに気をつけるべし。

63

「一箇所」「一個所」「一ヶ所」「一カ所」……正しいのは？

「箇条書き」では「箇」を使い、「個人」「個性」「別個」などでは「個」を書く。現在では、この二つの漢字をそんなふうに使い分けている方が多いのではないでしょうか。

だとすれば、「箇」は「カ」と読み、「個」は「コ」と読むわけですから、「いっかしょ」も、「箇」を使って「一箇所」と書く方が落ち着くことになります。

しかし、歴史的に眺めると、事情はちょっと異なります。

漢字の世界では、部首だけが異なる二つの漢字が、同じような意味で用いられることがあります。たとえば、「技術」の「技」と「歌舞伎」の「伎」は、どちらも〝腕前〟という意味。「囲碁」の「碁」と「将棋」の「棋」も、似たようなゲームを指しています。

「箇」と「個」も、そんな例の一つ。「箇」の方が「個」よりも古くから見られるという違いこそあるものの、ほぼ同じ意味で使われてきました。読み方についても、どちらにも「カ」と「コ」という二つの音読みがあるのです。

そのため、現在でも、辞書によっては「個条書き」だとか、「箇人」「箇性」「別箇」といった書き表し方を載せていることがあります。

つまり、「一箇所」と「一個所」のどちらかが〝間違い〟というわけではないのです。ただ、「箇」の方が古くからあるという点で、〝由緒正しい〟とはいえるでしょう。

また、「箇」は「カ」と読み、「個」は「コ」と読むという、現在、広く定着している使い分けに合わせるという意味でも、「一箇所」と書いておく方が便利です。

ところで、「一ヶ所」のように使う「ヶ」は、「箇」の部首「竹（たけかんむり）」の半分だけを取り出して、略字として用いたもの。カタカナの「ケ」とは全くの別ものです。

ただ、カタカナの「ケ」のように見える文字を「カ」と読んで使うのは、落ち着きません。「一ヵ所」のような書き表し方は、そこから生まれたものでしょう。「一カ所」「一か所」も、同様です。

ここがツボ！

漢字の世界では、部首だけが異なる二つの漢字が、ほぼ同じ意味で使われることがある点に注意せよ。

64

〝28〟を漢字で書くときは、「二十八」でも「二八」でもいいの？

「二」という漢字は、何かが〝ふたつ〟あることを表します。これだけで、何かが〝20個〟あることを表すことはできません。だとすれば、「に」と読むことはできますが、「にじゅう」と読むことはできないことになります。

中国や日本では、昔から、そのような考え方で数を書き表してきました。つまり、〝28〟を漢字で書くときには、「二十八」と書くのが、正式な書き方。理屈の上では、「二八」だと「にはち」としか読めないのです。

この考え方を守っている限り、数を書き表すときには、位取りを表す「十」「百」「千」「万」などを省略することはできません。でも、いちいち「十」「百」「千」「万」などと書くのは、めんどくさいですよね。

そこで、算用数字を使って数を書き表す方法にならって、位取りを表す「十」「百」「千」「万」などを省略して書く方法も、行われるようになりました。〝28〟を「二八」と書き表すのは、こちらの方法です。

これは、本来の用法からは外れた漢字の使い方です。その証拠に、どんな漢字の辞典を調べてみても、「二」のところに「にじゅう」という読み方や、何かが〝20個〟あることを表すという意味は、載っていません。

もし、そういった読み方や意味を認めるとすると、「にひゃく」「にせん」「にまん」などなども認めないといけなくなり、際限がありませんものね！

つまり、〝28〟を「二八」と書き表すのは、あくまで、算用数字の代用品として漢字を使っていると考えた方がよいでしょう。こういった漢字を「漢数字」と呼んで、ふつうの漢字の使い方とは区別することもあります。

算用数字は、数を書き表すのに便利です。ただ、算用数字とは、本来は横書きする文字。そのため、縦書きの文章では、代わりに漢数字を使うことが多いのです。

ここがツボ！

「十」「百」「千」「万」などを省略して数を書き表すのは、漢字を算用数字のように用いる「漢数字」としての用法だと考えるべし。

65 そもそも「当用漢字」と「常用漢字」はどこがどう違う？

政府が二〇一〇（平成22）年に制定した『常用漢字表』という表があります。この表では、「一般の社会生活において、現代の国語を書き表す場合の漢字使用の目安」として、二一三六の漢字が掲げられています。

公文書や新聞、学校教育で使われる教科書などは、この表の範囲内で書き表されるのが原則です。それ以外の漢字を使わなければならない場合には、振りがなを付けるなどの配慮が施されるのが一般的です。

この『常用漢字表』に収録されている漢字のことを「常用漢字」といいます。小学校から高校に至るまでの学校教育では、常用漢字が読み書きできるようになることが、目標とされています。

ただ、特に年輩の方々にとっては、「当用漢字」ということばの方が、よりなじみがあるかもしれません。

現在の『常用漢字表』は、一九八一（昭和56）年に定められた同じ名前の表が改定されたものです。それに対して、当用漢字とは、一九四六（昭和21）年に制定された『当用漢字表』に収録されていた漢字を指します。

つまり、当用漢字とは常用漢字の前身にあたるわけですが、両者の違いは、それだけではありません。『当用漢字表』では、「この表の漢字で書きあらわせないことばは、別のことばにかえるか、または、かな書きにする」ことになっていたのです。

ここに見られるように、当用漢字は、〝むずかしい漢字〟は廃止しよう、という考え方に基づいていました。そのため、〝表現の自由〟を損なうものとして、かつては強い批判を呼び起こしたものでした。

なお、現在の『常用漢字表』は、「運用に当たっては、個々の事情に応じて適切な考慮を加える余地のあるもの」とされていて、漢字の廃止というような色合いはありません。

ここがツボ！

「当用漢字」は「常用漢字」の古いバージョン。当用漢字では、漢字の数を減らそうという意識が強かったことに注意せよ。

66

昔の漢字と今の漢字で、「形」はどのくらい変化した？

たとえば、お名前で「濱」「澤」「廣」といった、画数が多い複雑な漢字が使われることがあります。これらが「浜」「沢」「広」の昔の書き方だということは、ご存じの方も多いでしょう。

では、それはどれくらい〝昔〟の書き方なのでしょうか？

日本で使われている漢字の書き方は、第二次世界大戦後まもないころに、大きな転換点を迎えています。当時の国語審議会が主導して、漢字をより覚えやすく書きやすくするために、漢字の形が簡略化されたのです。

「浜」「沢」「広」などは、そのときに制定された書き方で、「新字体《しんじたい》」と呼ばれています。それに対して、「濱」「澤」「廣」などは、それ以前の書き方。「旧字体《きゅうじたい》」といわれています。

ただ、新字体といっても、このときに〝新しく作られた漢字〟だというわけではありません。そのほとんどは、それ以前から使われていた略字です。略字が正式な書き方として認められたというのが、事実に即した言い方でしょう。

旧字体から新字体への変化には、「戀」から「恋」へだとか、「斷」から「断」へのように、明らかに形が簡単になったものが、たくさんあります。しかし、中には、違いがとても微妙なものもあります。

図に掲げたのは、その例。右側が旧字体で、左側が新字体です。ぱっと見て、違いがお分かりになるでしょうか。

一番上の「諸」は、旧字体では「日」の上に点があります。二番目の「謹」では、新字体では「卄」になっているところが、旧字体では「廿」と書かれています。三番目の「終」は、右下の点の方向の違い。四番目の「煙」では、新字体では「覀」となっている部分が、旧字体では「西」になっています。

五番目の「危」の場合は、「ク」の最後が、旧字体でははねています。最後の「幾」になると、「人」の書き出しが、「戈」の横線より上に突き出ているのが旧字体で、突き出ていないのが新字体という微妙さです。
特に、最後の二つのような違いは、書くときの勢いでついついそうなってしまうといったレベルです。そこで、これらの違いは〝違い〟とはみなしていない辞書もあります。
そのため、ある新字体に対して旧字体が存在するかどうかの判断は、漢和辞典によって異なります。というわけで、旧字体がいくつあるかをきちんと示すのはむずかしいのですが、おしなべてみると、だいたい六〇〇から八〇〇くらいといったところです。

ここがツボ！

「新字体」と「旧字体」の違いには、とても微妙なものもあることに気をつけるべし。

67 「俗字」って、結局「誤字」なんじゃないの？

学校に通っているときであれ、社会人になってからであれ、何らかのペーパーテストを受けるとなれば、私たちは答案用紙に〝正しい漢字〟を書こうとします。かりに〝正しくない漢字〟を書いたとすれば、減点されても文句は言えないでしょう。

しかし、仲間うちのメモのやりとりや、ちょっとした注意書きなどでは、必ずしも〝正しい漢字〟を書く必要はありません。

たとえば、「職員」の「職」や、「曜日」の「曜」、「第一」の「第」が上の図のように書かれてあるのを、見かけたことはないでしょうか。

これらは、漢字テストではバツになるという意味では、「誤字」でしょう。しかし、実際に少なからぬ場面で用いられていて、社会的にも認知されています。

このように、いわゆる〝正しい漢字〟ではないものの、日常生活の

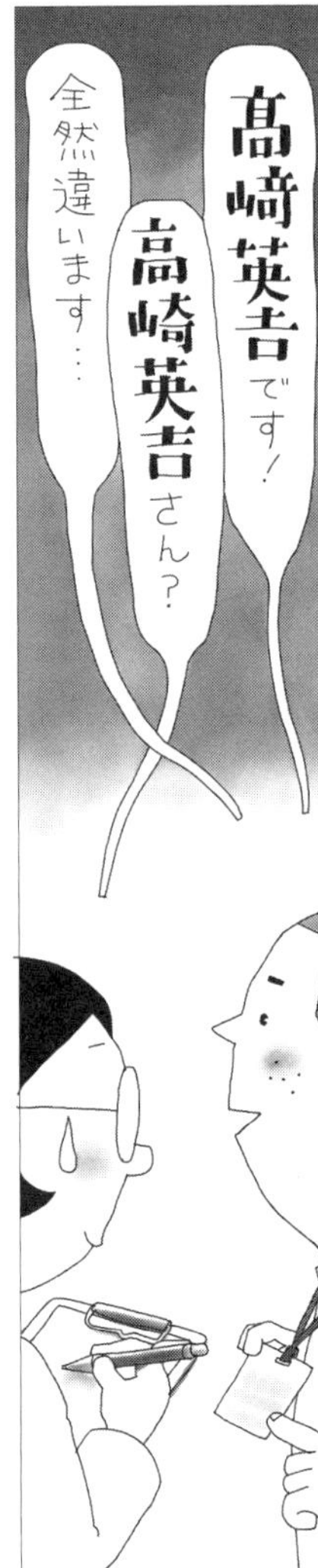

中で使われていて、きちんと意味が通じる漢字のことを、「俗字《ぞくじ》」と呼んでいます。どんな分野にも、教科書通りではないけれど実際にはけっこう役に立つものって、ありますよね。俗字も、その一つ。決して誤字ではないのです。

漢字は、紀元前一三〇〇年ごろの中国から、現代の日本に至るまで、非常に長い期間、非常に広い範囲で使われてきました。その間に、無数の人々が、それぞれのやり方で漢字を手書きしてきたのです。

それを考えると、昔は多くの俗字が使われていたのも、不思議なことではないでしょう。もっとも、現在では、学校で〝正しい漢字〟をきちんと教わります。そのため、昔に比べると、俗字が使われることは格段に少なくなりました。

　とはいえ、特に名字の漢字については、先祖から伝わってきた昔ながらの書き方を守りたい方もたくさんいらっしゃるので、俗字が多く残っています。有名なところでは、「高」に対する「髙」や、「吉」に対する「𠮷」も、俗字の例。一般的には「島」と書くところを「嶋」としたり、「峰」ではなく「峯」と書く例なども、俗字に分類されます。
　ところで、「俗字」の「俗」とは、〝日常生活で用いる〟といった意味合い。しかし、この漢字には「俗っぽい」といった使い方もあって、やや品がよくないというイメージがあります。
　そんなわけですから、どなたかのお名前に使われている漢字を「俗」だと決めつけるのは、ちょっと失礼。そこで、最近では「俗字」という言い方は避けて、「異体字《いたいじ》」と呼ぶことも多くなっています。

ここがツボ!

いわゆる〝正しい漢字〟ではないが、日常生活でそれなりに使われてきた漢字を「俗字」というと心得よ。

68

潘基文は「パンギムン」と読むのに、習近平はなぜ「シュウキンペイ」？

音読みとは、もともとは、その漢字の中国語としての発音が、日本語風に変化したものです。中国人の習近平さんを「シュウキンペイ」と呼ぶのは、音読み。中国語の発音をカタカナで書き表すなら、「シーチンピン」といったところです。

日本と同様に、朝鮮半島でも、漢字は、中国語の発音が朝鮮半島のことば風に変化した発音で読まれてきました。韓国人の潘基文さんを「パンギムン」と呼ぶのは、その発音をカタカナで書き表したもの。日本語の音読みならば「ハンキブン」です。

同じ文字を、それぞれの国でそれぞれの流儀で読んでいるなんて、不思議ですよね。でも、漢字の場合は、その方がかえって便利だったのです。漢字は一つ一つが意味を表しているので、その意味さえ取り違えなければ、相手のことばでの発音を知らなくても筆談の道具として用いることができるからです。

漢字の発音が中国と日本と朝鮮半島とで異なることになったのは、このためです。その結果、人名や地名も、それぞれの地域の読み方で発音されることになりました。日本語ではずっと昔から、中国や朝鮮半島の固有名詞も、日本語の音読みで読んできたのです。

とはいえ、名前とはその人の人格に直接つながるもの。それを勝手に別の読み方をするというのは、失礼といえば失礼です。

事実、一九七〇年代に、日本に住む朝鮮半島ご出身の方が、自分の名前を朝鮮半島のことばの発音で読んでほしいと、裁判を起こしたことがありました。

それが一つのきっかけとなって、韓国と日本の間では、固有名詞はお互いにできるだけ現地の発音に近い読み方をしよう、ということになったのでした。

朝鮮半島では、現在では漢字はほとんど使われていません。日本の固有名詞も、漢字ではなくハングルで書き表されるのが一般的。そのため、日本語の発音通りに読むのも抵抗がないのでしょう。

中国に関しても、できるだけ中国語に近い読み方をするべきだ、という意見はあります。実際、たとえば「毛沢東」に、音読みの「モウタクトウ」ではなく、「マオツェトン」と振りがなを付けている辞典もあります。

とはいえ、日本でも中国でも、漢字はまだまだ現役です。お互いの固有名詞をそれぞれの現地の発音に近い読み方をしようとすると、ふだん使っている漢字の読み方とは別の読み方を覚えなくてはならなくなります。それは、けっこうたいへんですよね。
そこで、昔ながらの伝統に従って読んでいる、というわけです。
なお、固有名詞の読み方が国によって異なるのは、別に珍しいことではありません。オーストリア人のモーツァルトのことを、英語では「モザート」のような発音で読んでいますし、イギリス人のアイザック・ニュートンのことを、フランス語では「イザーク・ニュートン」のように発音しています。

ここがツボ！

朝鮮半島の人名や地名も、昔は音読みで読んでいたが、一九七〇年代になってから、現地音に近づけて読むようになったことを理解するべし。

69

おそば屋さんののれんに書いてある妙な文字は、何と読む？

もともと、日本語には、文字はありませんでした。そこへ中国から漢字が伝わってきたので、それを利用して、日本語を書き表すようになったのです。

しかし、漢字は一文字ずつが中国語としての意味を持っています。それをそのまま使うとなると、日本語を同じ意味の中国語に翻訳してから書くというような、めんどうなことをしなくてはなりません。

そこで、日本列島に住む人々は、やがて漢字の意味とは関係なく、その読み方だけを借りて、当て字的に用いるようになりました。これだと、読み方だけの当て字ですから、日本語の発音どおりに漢字を並べていくだけでいいのです。

そうやって、日本語を書き表すために当て字的に使われた漢字のことを、「万葉仮名《まんようがな》」といいます。

この場合、漢字はあくまで当て字ですから、きちんと書く必要すらありません。そこか

ら、漢字の一部分だけを取り出して使う「カタカナ」が生まれました。たとえば、「ア」は「阿」の「阝（こざとへん）」が変形したもの、「イ」は「伊」の「イ（にんべん）」だけを取り出したものです。

一方、漢字のくずし字をさらに簡単にしたのが、「ひらがな」。たとえば、「あ」は「安」のくずし字に、「い」は「以」のくずし字に由来しています。言われてみれば、そんなふうに見えますよね。

さて、問題のおそば屋さんののれんですが、それはたとえば図のような文字ですよね。これは、「変体《へんたい》仮名《がな》」といって、ひらがなの一種です。

カタカナやひらがなは、いろいろな人がいろいろな漢字を当て字的に使う中から、自然発生的に生まれてきたものです。そのため、昔は、カタカナやひらがなにも、たくさんの種類がありました。

それではややこしいというわけで、一九〇〇（明治33）年に、政府がその中から一音につき一つだけを選んだのが、現在、私たちがふつうに使っているカタカナ・ひらがなです。変体仮名とは、そのときに採用されなかったひらがなのことをいいます。

おそば屋さんののれんの場合、一番左の文字は、ふつうのひらがな「き」とほぼ同じで、漢字の「幾」をくずしたもの。数学の「幾何《きか》」の「幾」ですね。

真ん中は、「楚」をくずしたもの。「清楚《せいそ》」の「楚」で、「そ」と読みます。一方、現在、私たちがふつうに使っている「そ」は、「曽」のくずし字に由来しています。

最後の文字は、「者」のくずしに濁点を付けたもの。「者」は、漢文の世界では「は」と読むことがあるので、それに点々を付けて「ば」というわけ。ちなみに、私たちの知っている「は」は、「波」のくずし字が変形したものです。

合わせて、「きそば」。わかってみれば、なんてことないですね……。

ここがツボ！

ひらがなは漢字のくずし字から、カタカナは漢字の一部から生まれたもの。昔は、いろいろな「変体仮名」が使われていたことを知るべし。

70 今でも、新しい漢字が誕生する可能性はあるのか?

現代の中国では、新しい元素の名称が決まると、それを書き表すための漢字も制定されます。その多くは、金属であることを示す部首「金(かねへん)」に、元素名の最初の音を表す漢字を組み合わせたものです。

鉳 105 ドブニウム
𨭎 106 シーボーギウム
𨨏 107 ボーリウム
𨭆 108 ハッシウム

図は、一九九七(平成9)年に決定された、元素番号一〇五から一〇八までの元素名を表す漢字。このうち、一〇八番のハッシウムを表す漢字は、過去に別の意味で用いられた記録がありますが、そのほかは、新しく作られた漢字だと思われます。

このように、部首に何らかの漢字を組み合わせると、〝新しい漢字〟を簡単に作ることができます。

実際、そうやって作られた〝新しい漢字〟も、たくさんあります。

左の図の右側は、京都の一澤信三郎帆布というかばん屋さんが、ブランド名に用いている〝新しい漢字〟で、「かばん」と読みます。「鞄」の「革」を「布」に置き換えることで、天然帆布を使うこだわりを表現したものです。

左側は、かつて、ある出版社が募集した〝新しい漢字〟の一つ。〝エレベーターガール〟を表すそうです。最近では、こういうふうな〝新しい漢字〟のコンテストが、毎年、複数、開催されています。

しかし、そうやって作られた〝新しい漢字〟が、そのまま〝ほんものの漢字〟になるのかといえば、そうではないでしょう。

文字とは、コミュニケーションの道具です。多くの人の間で使われてこそ、〝ほんものの漢字〟なのです。多くの人に使われるためには、その漢字の存在を知った人が自分でも使いたくなるような必要性がなくてはなりません。

〝エレベーターガール〟を表す漢字はおもしろいですが、多くの人が〝エレベーターガール〟を漢字一文字で書き表したいと思うような場面は、なかなか想定できません。帆布の〝かばん〟を表す漢字も、ブランドイメージを背負っているだけに、すぐさま多くの人々に用いられるようには、なりにくいでしょう。

その点、現代中国の元素名を表す漢字は、違います。これは、公的な機関が定めたものですから、複数の人々に使われることが前提となっています。実際にどれくらい使われているのかはさておき、〝ほんものの漢字〟だといえるでしょう。

そう考えると、現代において〝ほんものの漢字〟を新しく生み出すのは、公的な機関ででもない限りは、かなりむずかしそうですね。

ただ、インターネットの時代には、情報は思わぬ形で広がりを見せるものです。だれかがＳＮＳで紹介した〝新しい漢字〟が、ひょんなことから人気が出て多くの人に使われるようになり、やがて〝ほんものの漢字〟になる……。そんなことが起こる日が、遠からずやってくるのかもしれません。

ここがツボ！

文字とはコミュニケーションの道具として、多くの人に使われるものだということを、忘れるべからず。

著者紹介

円満字二郎（えんまんじ・じろう）
1967年兵庫県西宮市生まれ。大学卒業後、出版社に勤務。高校国語教科書や漢和辞典などの編集を17年近く担当し、その後独立。現在は、主に漢字文化関係を中心に、積極的に執筆活動を展開している。漢字を、覚えるだけの無味乾燥な“お勉強”から解き放ち、「おもしろい」と感じさせる手腕は、多くの読者の支持を集める。
『漢和辞典的に申しますと。』（文春文庫）、『漢字の使い分け　ときあかし辞典』（研究社）、『漢字なりたち図鑑』（誠文堂新光社）、『ひねくれ古典『列子』を読む』（新潮選書）ほか著書多数。

知《し》るほどに深《ふか》くなる漢字《かんじ》のツボ

2017年5月5日　第1刷

著　者　円《えん》満《まん》字《じ》二《じ》郎《ろう》

発行者　小澤源太郎

責任編集　株式会社プライム涌光
電話　編集部　03(3203)2850

発行所　株式会社青春出版社
東京都新宿区若松町12番1号〒162-0056
振替番号　00190-7-98602
電話　営業部　03(3207)1916

印刷・大日本印刷　製本・ナショナル製本

万一、落丁、乱丁がありました節は、お取りかえします

ISBN978-4-413-11213-0 C0095

©Jiro Emmanji 2017 Printed in Japan

本書の内容の一部あるいは全部を無断で複写(コピー)することは著作権法上認められている場合を除き、禁じられています。

青春出版社の大好評既刊!

自分を変える思考の道具箱

富増章成

うまくいかない
原因は、いつもの
「思考パターン」
にあった!

一つ上の頭の使い方で、
人生に新たな地平を
切り開く本!

ISBN978-4-413-11179-9
本体1100円+税

青春出版社の大好評既刊!

頭が突然鋭くなるクイズ

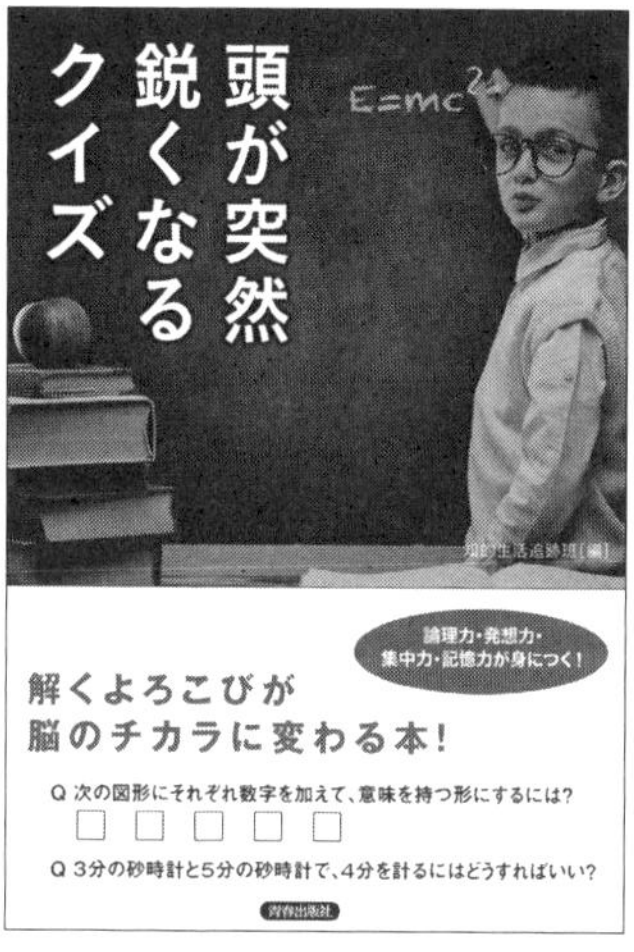

知的生活追跡班[編]

論理力・発想力・
集中力・記憶力が
身につく!

**解くよろこびが
脳のチカラに
変わる本!**

ISBN978-4-413-11153-9
本体1000円+税

90万部突破！ 信頼のベストセラー!!

できる大人の
モノの言い方
大全《たいぜん》

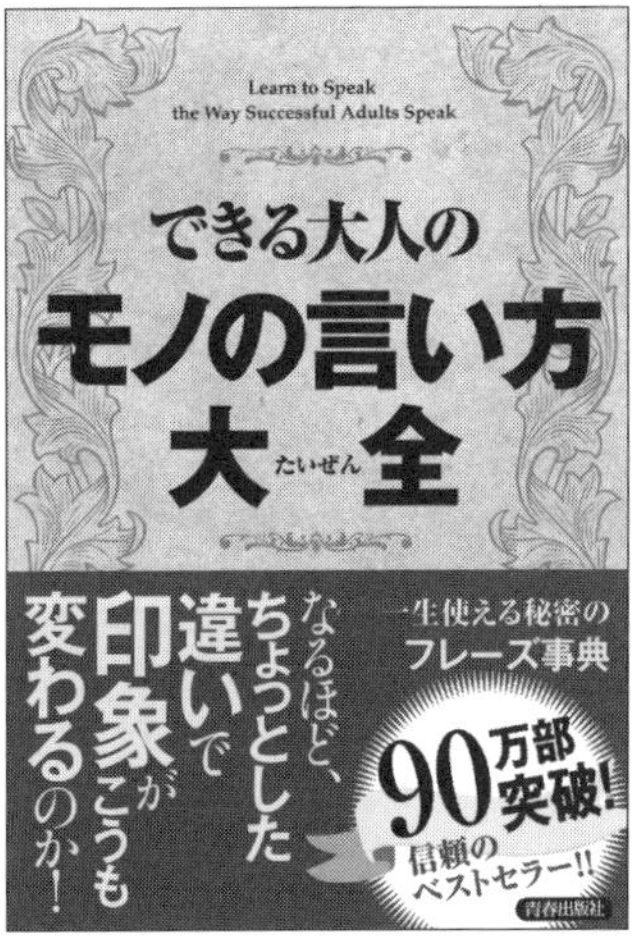

話題の達人倶楽部［編］

ほめる、もてなす、
断る、謝る、反論する…
覚えておけば一生使える
秘密のフレーズ事典

**なるほど、
ちょっとした違いで
印象がこうも
変わるのか！**

ISBN978-4-413-11074-7
本体1000円＋税